KB089604

펫푸드 창업 길라잡이

펫푸드 창업 길라잡이

저자 권성진 · 이상화

성공적인 펫푸드 창업에 필요한 노하우를 담은 책

단미사료업, 휴게음식점업의 영업 정보

사업계획서 작성 및 운영을 돕기 위한 정보전달

반려인 천만 시대에 맞춘
창업 가이드북

펫푸드 창업에 도전하자.

바른북스

반려동물 천만 시대의 도래에 따른 성장이 커지고 있는 반려동물 관련 사업은 혁신적인 변화와 다양한 정보를 통하여, 고객의 요구에 부응한 유연하고 다양한 서비스 산업이 생겨나면서, 반려동물 시장의 다양한 사업이 늘어나고 있습니다. 이에 반려동물 식품이 많은 성장을 하고 있습니다.

또한 이 책의 궁극적인 목표는 창업에 필요한 정보전달과 사업을 준비하기에 필요한 사업계획서 작성 및 운영을 돕기 위한 정보전달을 위하여, 출간하였습니다. 물론 창업에 필요한 사업계획서는 외부 전문가 등을 통하여 도움을 받아 작성하는 것이 유리한 부분도 있지만, 사업의 기본 내용은 사업을 운영을 계획하는 운영자가 직접 작성하는 것이 차후 사업 운영에 있어서 도움이 되기 때문입니다.

창업하기에 앞서 펫푸드를 운영하기에 필요한 인허가 내용을 정확히 전달하며, 창업계획서를 작성할 때, 창업을 위한 사업계획서는 무엇을 위한 계획인지, 누구에게 보여줄 계획서인지 염두에 두어 작성해야 됩니다. 왜냐하면 작성하기 전에 보여줘야 되는 상대에 따라 기대하는 내용이 다르기 때문입니다.

본 책의 내용은 펫푸드 관련 사업을 하기 위하여 필요한 단미사료업, 휴게음식점업에 영업 정보와 펫푸드 사업을 시작하고 운영에 필요한 내용을 정리하여 그에 따른 내용을 중점적으로 다루고 있습니다.

· 목차 ·

머리말

펫푸드 산업 어제와 오늘, 그리고 미래를 이야기한다

2부

성공적인 펫푸드 창업의
노하우 계산하기

창업 후 사업자가 알아야 하는
경영 노하우 매뉴얼화하기

펫푸드 관련
행정 절차

부록

참고사이트

펫푸드 창업
길라잡이

1 펫푸드 산업 어제와 오늘, 그리고 미래를 이야기한다

한국은 반려인 천만시대. 5명 중 1명은 반려동물을 키우는 시대이다.
그래서 이제는 "함께 살아가는 나의 가족"으로서 나와의 인생을 같이 살아가고 있다.
최근에는 한국도 반려동물 문화가 선진화되어가면서, 관련 법규와 산업이 커지고 있다.

성장 유망 업종
펫 관련 산업

한국은 반려동물을 키우는 반려인이 꾸준히 늘어나면서, 이제는 5명 중 1 명이 반려동물을 키우는 천만 반려인 시대가 열렸다. 다양한 반려동물 관련 산업이 성장하고 있으며, 다양한 시장이 형성되고 있다.

현대인은 이제 반려동물로 강아지, 고양이, 파충류, 조류 등 다양한 반려 동물을 같이 살아가고 있으며, 특히 주위만 봐도 예전과 다르다는 것을 쉽 게 알 수 있다. 예전에는 쉽게 찾아볼 수 없었던 동물병원도 주위에 많이 보 이며, 심지어 24시 동물병원도 많이 생기고 있으며, 동물에 따라 전문적으로 치료하는 전문병원도 주위에 생기고 있는 것을 볼 수 있다.

또한 서점에서도 반려동물에 관련한 영양학 관련 서적, 요리책, 반려동물 잘 키우는 법 등 다양한 정보가 있는 서적도 쉽게 찾아볼 수 있다.

한국은 반려동물 관련 시장을 성장 유망 업종으로 지정하고 있다. 2021년 고용노동부에서 지정한 성장 유망 업종을 보면, 단미사료 및 기타 사료제조업(업종코드: 10802)이 등록되어 있으며, 2021년 신규로 배합사료제조업(업종코드: 10801)이 새롭게 추가되었다.

이와 같이 정부에서도 성장 유망 업종으로 분류하고 있는 펫 사업이다.

이처럼 창업을 준비할 때, 성장 유망 업종으로 사업을 시작하게 되면, 각종 정부지원금을 신청할 경우 예외 사업장이 되어, 보통은 5인 이상 사업장만 지원을 받게 되는 지원 사업을 신청이 가능하게 되며, 다양한 지원을 받을 수 있다.

펫푸드 산업 이해하기

국내 반려동물 관련 시장은 반려동물 인구가 1,000만 명에 이를 정도로 급격하게 성장하면서, 펫푸드 시장도 급속도로 성장하고 있다. 그에 따라 반려동물 식품을 만들기 위해서는 사료업을 등록해야 되고, 사료업은 농림축산식품부 산하에서 관리하고 있다.

미래 성장 유망 산업

• • •

한국 이제 천만 반려인 시대에 돌입하게 되면서, 현명한 반려인들이 증가하고 있다.

많은 유통업계가 자체 운영 펫숍을 오픈하고 있으며, 이마트는 '몰리스'라는 숍을 10년째 운영하고 있고, 이에 롯데마트는 펫 특화 매장 콜리올리를 2021년 9월 오픈을 하였다.

이처럼 유통업계가 반려동물을 가족처럼 여기는 이른바 펫팸족 공략에 속도를 내고 있다. 반려동물을 위해 지갑을 여는 소비자들을 위해 병원, 미용실, 식품 등 서비스를 한데 모은 반려동물 케어 관리 서비스를 제공하고 있다.

유통가가 반려동물 관련 사업을 잇달아 확대하는 것은 최근 가족 구성원 수 감소와 출산율 저하, 1인 가구 증가 등으로 반려가구가 증가하면서 관련 시장 규모도 확대되고 있기 때문이다.

KB 경영연구소 자료에 따르면, 반려동물을 기르는 반려인은 1,448만 명으로 한국인 4명 중 1명이 반려동물과 함께 살고 있다고 조사되었다.

한국 농촌경제연구원에서는 반려동물 관련 시장 규모가 2017년 2조 3,000억 원에서 2027년 6조 원대로 성장할 것이라 내다봤다.

또한 노용 노동부 노용보험법 제20조 및 같은 법 시행령 제17조 규정에 따라, 성장 유망 업종(분야)에 해당하는 대상기업은 청년 추가 고용을 통해 일자리를 지원 사업을 하고 있다.

단미사료업은 업종코드 10802 한국표준산업분류명 단미사료 및 기타 사료제조업에 명시되어 있다. (2021년 기준)

어떤 콘셉트로 펫푸드 관련 창업해야 될까?

• • • •

먼저 펫푸드 산업 창업에 앞서, 창업 운영할 매장을 반려동물과 반려인이 같이 쉴 수 있는 공간인 반려동물 동반 매장(카페)을 할 것인지, 반려동물 전용 음식을 판매하는 반려동물 식품 전문 매장(카페)을 할 것인지 결정을 해야 된다. 그에 따라 창업 시 받아야 되는 영업허가(인허가)가 결정되기 때문이다.

1. 단미사료업 및 기타 사료제조업 반려동물 동반 매장

단미사료업과 반려동물 동반이 가능한 매장을 창업하려는 경우 우선 반려동물 사료를 제조 판매할 수 있는 단미사료업 영업신고를 해야 하며, 사람들 음식을 만들기 위해 휴게음식점업 영업신고를 하고 창업 준비를 하면 된다.

영업신고는 창업을 준비하는 시, 군, 구청장에 신고를 한 후 영업신고증을 발급받은 후 영업을 시작할 수 있다.

단미사료업 영업신고는 농축산과에서 접수 신고를 받으며, 휴게음식점업 영업신고는 위생과에 접수 신고하면 된다.

2. 펫푸드 전문 매장

펫푸드 전문 매장인 경우 반려동물을 위한 사료만을 제조, 생산, 판매를 하기 때문에 영업에 필요한 단미(혼합성 단미) 또는 보조사료업 영업신고를 해야 한다.

만약에 사람이 먹을 수 있는 간단한 음료나 먹을거리를 매장에서 판매를 원한다면, 휴게음식점 또는 즉석식품제조가공업을 영업신고를 해야 된다.

3. 그 외 사업

펫푸드 관련하여 온라인몰을 통해 판매를 하고 싶다면, 통신판매업 영업신고를 한 후 판매가 가능하며, 타 업체 물건을 도매로 받아서 소매로 판매를 한다면, 영업신고 없이 사업자 신고 후 영업을 시작하면 된다.

또한 반려동물을 위한 유치원을 운영하기 위한 동물위탁업, 반려동물을 이동 택시영업을 하기 위한 동물운송업 등 면허를 허가받고 사업을 운영해야 되는 것들이 있다.

그러므로 본인이 하려는 사업에 면허가 필요한지 필요 여부를 확인하고, 사업자등록 준비해야 한다.

사료의 정의

· · · ·

사료는 가축 및 농림축산식품부 장관이 정한 동물 및 어류 등에 영양이 되거나 건강 유지 또는 성장에 필요한 먹이 등을 말한다. 동물의 영양이나 건강 유지, 성장에 필요한 사료에는 크게 단미사료, 배합사료, 보조사료가 있다.

동물에는 가축도 포함되며, 가축이란 소, 말, 양, 염소, 산양을 포함한 돼지, 사슴, 닭, 오리, 거위 등이 있다. 또한 사료관리법에는 동물, 어류에 대한 범위에 대해 실험용 동물, 애완용 동물, 사육하는 동물, 수산동물(양식용 및 관상용 수산동물)을 포함하고 있다.

사료의 종류

· · · ·

1. 단미사료업: 단미사료업이란 식물성, 동물성으로 사료로 직접 사용되거나, 배합사료의 원료로 사용되는 것으로 농림부 장관이 정하고 고시한 것을 말한다.

원칙적으로 다른 물질이나 유사한 사료를 인위적으로 혼합할 수 없고, 수분조절 등을 위해 필요시 규정된 사료만 혼합이 가능하기 때문에 단미사료에 미네랄, 비타민 등 보조사료를 첨가한다면 배합사료로 등록해야 한다.

둘 이상의 단미사료를 혼합한 사료는 혼합성 단미사료라 정의하며, 단미사료가 아닌 보조사료를 혼합하면 안 되며, 각각의 단미사료는 혼합 전에 개별 단미사료의 기준 및 규격 등 충족하여야 한다. 다만 애완용 동물의 간식용, 영양보충용은 단미사료 이외에 소량의 보조사료(보존제와 향미제에 한함)를 첨가할 수 있다.

2. 보조사료업: 사료의 원료 가운데 에너지나 단백질의 공급원으로 이용하지 않고, 사료의 품질 저하나 변질을 방지하고, 영양성분을 보충하거나, 사료의 효용을 높이기 위해 첨가하는 물질로 가루 형태의 사료를 말한다.

3. 배합사료업: 단미사료, 보조사료 등을 적정한 비율로 배합 또는 가공한 것을 말한다. 즉 단미사료와 보조사료를 혼합된 것을 배합사료라 정의할 수 있다.

배합사료는 양축용 배합사료, 프리믹스용 배합사료, 대용유용 배합사료, 반추동물용 섬유질 배합사료, 그 외 동물 또는 수산동물용 배합사료가 있다.

영양학의
이해

반려동물 영양학의 중요한 내용은 생명체가 성장, 유지, 번식을 하기 위해서는 에너지가 필요하며, 에너지를 생명체에 공급해주는 영양소를 뜻한다.

개에게 필요한 영양소

• • •

동물의 몸은 항상 영양이 필요로 한다. 첫째, 생명 유지 및 활동 에너지원이 된다. 둘째, 뼈와 근육, 혈액 등 신체 조직의 형성에 도움을 준다. 셋째, 호르몬과 효소, 면역 활성물질 등을 생성해서 몸 상태를 조절해야 한다. 따라서 반려견에게 필요한 5대 영양소인 단백질, 지방, 탄수화물, 비타민과 미네랄, 수분은 반드시 필요하며, 체내에 쓸데없는 물질을 배출하는 식이섬유도 빠뜨릴 수 없다.

그런데 반려견에게 좋은 수제 음식을 만들어 주고 싶어도 항상 영양소를 골고루 갖추어야 한다면 어렵게 느껴질 수 있다. 하지만 이 영양소들은 일반적으로 여러 음식을 먹이면 자연스럽게 섭취를 할 수 있으니 너무 깊게 생각할 필요가 없다.

예를 들어 고기나 생선만 먹는 극단적인 편식만 하면 위험하겠지만, 골고루 먹이면 영양균형이 쉽게 무너지지 않아 병에 잘 걸리지 않는다. 그러므로 음식을 골고루 먹는 것만 신경 쓰면 된다.

1. 단백질

갓 태어난 강아지가 신체가 노쇠한 노령견이 되기까지 개는 평생 동물성 단백질을 필요로 한다. 단백질은 가장 중요한 영양공급원이며 면역력을 높이고 건강한 피부와 털을 유지하는 데 필요한 영양소다.

단백질은 약 20종류의 아미노산으로 구성되어 있는데, 필수 아미노산과 비 필수 아미노산으로 구분한다. 필수 아미노산은 음식에서 정확한 분량을 섭취해야 하고 비 필수 아미노산은 반려견 몸 자체에서 스스로 합성된다.

아미노산 성분이 많을수록 단백질의 품질이 우수하다는 것을 의미한다. 단백질이 우수한 육류는 강아지에게 필요한 분량만 섭취하면 된다. 우수한 단백질을 충분히 섭취하면 이는 효과적으로 몸에 흡수되고 이용된다. 그러나 질이 낮은 단백질은 고기를 아무리 많이 먹어도 필요한 영양소를 섭취할 수 없다.

달걀, 붉은 고기, 가금류, 어류, 치즈, 요거트 등의 식재료에서 동물성 단백질을 얻을 수 있는데 그중 달걀에 동물성 단백질 함량이 가장 높다.

곡류와 채소에도 단백질이 있지만 이는 식물성 단백질에 속하며 반려견이 흡수하기에는 한계가 있다.

반려견이 단백질이 부족하게 되면, 피부가 거칠어지고 상처 회복이 더디며, 스태미나가 떨어져 쉽게 피로감을 느끼는 모습을 볼 수 있다. 면역력도 떨어져서 감염증이 걸릴 수 있으며, 성장기에는 발육장애가 나타나기도 한다.

반려견이 단백질을 과다 섭취하게 되어도 단백질은 체내에 축적되지 않으므로 지나치게 섭취한 분량은 소변으로 배출된다. 하지만 너무 과하게 섭취하게 되면 체중이 증가하거나 간과 신장에 무리가 갈 수 있으며, 지나치게 소변으로 배출된다면 칼슘의 배출량도 늘어나서 뼈가 약해질 가능성도 높아진다.

2. 지방

지방은 동물성 지방과 식물성 지방이 있다. 이는 에너지원이 될 뿐만이 아니라 호르몬 분비, 모발의 생장, 면역체계 강화, 체력 유지 등의 중요한 작용을 한다. 또한 지용성 비타민의 흡수를 촉진하여 신경 기능 개선에도 깊게 관여한다.

지방의 가장 큰 특징은 에너지 효율이 높다는 점이다. 소량으로도 많은 에너지를 얻을 수 있을 만큼 과다하게 섭취하게 되면 비만으로 이어진다.

지방은 지방산으로 이루어져 있는데 구조에 따라서 포화지방산과 불포화지방산으로 나눠지게 된다. 포화지방산은 육류나 유제품 등의 동물성 지방에, 불포화지방산은 등 푸른 생선이나 식물성 기름에 많다.

포화지방산은 체내에서 콜레스테롤을 만들기 때문에 과다 섭취하게 되면 콜레스테롤이나 중성 지방이 지나치게 증가하여 동맥경화를 유발할 수 있다.

반대로 불포화지방산에는 콜레스테롤을 줄이는 효과가 있다. 또한 리놀레산과 리놀렌산처럼 체내에서 합성할 수 없는 필수 지방산이 들어 있다. 이는 음식으로 섭취할 수 있다.

반려인 중에는 가끔 반려견 다이어트를 위해 지방분을 섭취시키지 않는 경우가 있다. 이런 경우 반려견의 피부가 거칠거칠해지고, 컨디션이 떨어져 쉽게 피부병 또는 감염증에 걸릴 수 있다. 그러므로 다이어트 중에는 동물성 지방보다 식물성 지방 식품 중심으로 섭취를 도와주면 된다.

하지만 지방을 과다 섭취하게 되면 에너지가 많아져서 비만이 될 수 있으며, 동맥경화를 비롯하여 심장병이나 당뇨병 같은 생활습관병에 걸릴 위험이 높아진다.

3. 탄수화물

탄수화물은 일반적으로 곡식이나 밀, 감자나 고구마 같은 구황작물에 풍부하게 들어가 있다. 탄수화물의 역할로는 뇌와 신경 기능을 정상으로 유지하는 데 있다.

비록 반려견은 생리적으로 탄수화물이 필요하지 않지만, 탄수화물은 영양적인 장점을 가지고 있다. 또한 에너지원으로 사용되는 탄수화물은 '당질'이라고도 부른다. 분자량의 크기에 따라 단당류, 이당류, 다당류 등 세 종류로 나뉘며 효과도 각기 다르다.

체내에 들어온 탄수화물은 소화 흡수 후 포도당으로 분해되며 주변 조직에 저장되어 에너지원으로 사용된다. 뇌세포나 신경조직, 적혈구 등의 에너지원이 된다.

탄수화물이 부족하게 되면 몸을 구성하는 단백질과 체지방이 분해해서 에너지원으로 이용되므로 근육이 감소하고 에너지가 온몸으로 골고루 전달되지 않아서 쉽게 피로해질 수 있다.

하지만 과다 섭취는 비만으로 이어지고, 당뇨병과 같은 생활습관병을 발생시킬 수 있다.

4. 식이섬유

과거에는 식이섬유를 영양소의 흡수를 저해하는 성분으로 생각해서 전혀 인정받지 못했다. 하지만 근래에 많은 조사와 검사를 통해서 건강 유지와 생활습관병 예방에 도움이 되는 기능이 발견되면서, 5대 영양소에 버금가는 '여섯 번째 영양소'로 불린다.

식이섬유는 흡수되지 않고 몸 밖으로 배출된다. 그러나 장 속에서 불어나 수분을 흡수하는 성질이 있어 유해물질을 흡착하여 배출에 도움을 준다. 독소를 분해하는 장내 세균의 활동을 돕는 기능도 있다. 따라서 배변이 원활해지고 변비 해소에 도움을 준다.

해조류나 과일에 풍부한 수용성 식이섬유는 혈중 콜레스테롤을 감소시키고, 혈당 수치가 급상승하는 것을 억제한다. 동맥경화와 당뇨병 예방에도 효과가 좋다.

또한 소화 흡수되지 않고 몸속에서 증식하는 식이섬유는 포만감을 오랫동안 유지하므로 체중관리에도 큰 도움을 준다.

반려견이 식이섬유를 소화할 수 없기 때문에 위에 부담을 준다는 이야기가 있지만, 이는 잘못된 정보이다. 사람을 포함해서 식이섬유를 체내 효소로 소화할 수 있는 동물은 이 세상에 존재하지 않기 때문이다.

반려견에게 식이섬유가 부족하면 장의 기능이 떨어져 변비에 쉽게 걸릴 수 있다. 장내 유해물질이 오랫동안 장에 남아 있으면 대장암에 걸릴 위험도 높아진다. 또한 혈당 수치가 쉽게 상승해서 당뇨병을 발생시킬 수 있다.

5. 비타민A

비타민A는 눈의 비타민이라 불릴 정도로 눈을 보호하면 눈의 건강을 위해 반드시 필요한 영양소이다. 눈 점막의 성분이면서 시력을 정상으로 유지시켜주기 때문이다.

피부와 뼈의 건강을 유지하는 역할을 하고, 점막을 형성하는 데 깊이 관여를 하며, 병원체의 침입을 막아 감염증도 예방에 도움을 준다.

비타민A는 동물성 원료인 간에 많이 함유되어 있으며, 당근, 호박, 시금치 등 식물성 원료에도 함유되어 있다.

만약 비타민A가 부족하면 점막이 약해져서 감염증에 걸리기 쉬워지며, 피부장애나 안질환도 생길 수 있다. 또한 과다 섭취하게 되면 급성 중독증을 일으켜서 구토증세 또는 체중이 감소 된다.

6. 비타민C

비타민C는 콜라겐 생성에 반드시 필요하며 근육과 피부, 뼈와 치아를 튼튼하게 만들며, 면역 기능을 도와 세균이나 바이러스 침입을 막고 감염증을 예방하는 여러 가지 작용을 한다.

또한 스트레스가 쌓이면 스트레스 완화하는 데 효과적이다. 그래서 스트레스에 대한 저항력을 높이기 위해서라도 비타민C를 자주 섭취시키면 좋다.

비타민C의 항암 작용을 주목할만한데, 체내에 있는 발암성 물질이 합성이 되고 세포에 침입하는 것을 막는 효과가 있다고 한다.

만약 비타민C가 부족하면 상처가 쉽게 아물지 않고 뼈가 부러지기 쉬우며, 성장장애도 발생할 수 있다. 또한 병원체에 대한 저항력이 약해져서 감염증에도 쉽게 걸릴 수 있다. 수용성이므로 과잉증은 없지만 요로결석이나 신장결석이 생긴다는 이야기도 있으나, 비타민C를 섭취해도 두세 시간이 지나면 소변으로 배출되므로 식사 때마다 적정량을 챙겨주면 건강 유지와 스트레스 완화 효과에 좋다.

7. 비타민D

튼튼한 뼈를 형성하는 필수 비타민으로 칼슘 흡수를 촉진해서 뼈의 형성에 도움을 준다.

비타민D는 식물성인 비타민D2와 동물성인 비타민D3가 있으며, 비타민D3는 태양의 자외선을 받으면 체내에서 합성할 수 있다. 하지만 반려견은 체내 합성량이 적기 때문에 음식으로 섭취시키는 것이 좋다.

가장 중요한 작용은 칼슘과 인의 흡수를 촉진해서 뼈와 치아에 침착시키는 것이며, 성장기에는 튼튼한 뼈를 형성하기 때문에 반드시 섭취시켜야 하는 영양소 중 하나이다.

또한 혈중 칼슘 농도를 일정하게 유지시켜주며, 칼슘이 충분히 공급되어 비타민D가 정상적으로 기능하면, 뼈와 치아를 건강하게 유지할 수 있을 뿐만 아니라 스트레스를 해소시키면 정서적인 안정에 도움을 준다.

만약 비타민D가 부족하면 뼈가 휘거나 등뼈에 이상이 발생되며, 성장기 강아지인 경우 발육이 늦어지는 문제가 발생된다. 또한 과다 섭취하게 되면 칼슘의 이상 침착으로 인한 고칼슘혈증을 일으켜, 설사, 구토 등 체중이 감소 된다.

8. 비타민E

비타민E는 강력한 항산화 작용으로 노화 방지 효과가 있다. 노화의 원인 중 하나인 활성산소는 세포막의 지질이 변화한 과산화지질이다. 비타민E는 지질을 산화시키기 전에 활성산소와 결합하여 강력한 항산화 작용으로 활성산소를 무해하게 만들어 노화를 방지한다.

또한 암세포에서 과산화지질의 합성이 빈번하게 이루어지므로 항암 작용에 효과가 있다고 볼 수 있다. 그리고 비타민E는 혈액순환을 좋게 하는 효과가 있으며, 혈중 콜레스테롤의 산화를 막아 동맥경화를 예방한다.

만약 비타민E가 부족하면 반려견이 빈혈을 일으키거나 동맥경화가 발생할 수 있다. 증상으로는 식욕 부진, 근육 위축, 피부염 등이 발생한다. 과다 섭취를 해도 독성이 낮아 부작용이 없다고 알려져 있지만, 약간의 골다공증의 위험이 있을 수 있다.

9. 비타민K

비타민K는 혈액을 건강하게 유지하고 뼈를 강화시키며, 출혈이 발생했을 때 혈액 응고를 돕는 역할을 한다. 비타민K는 주로 녹황색 채소에 많이 함유된 비타민K1과 체내에서 미생물이 만드는 비타민K2가 있다. 그 밖에 첨가물로 합성된 비타민K3가 있다.

혈관 내에서 혈액 응고를 억제하고 혈전을 예방하는 데 큰 도움을 주면, 혈액 응고를 촉진하거나 억제하여 혈액을 정상 상태로 유지에 도움을 준다. 또한 뼈를 튼튼하게 형성하는 데 큰 효과가 있으며, 칼슘이 뼈에 침착할 때 필요한 단백질을 활성화시켜 뼈에서 칼슘이 배출되는 것을 방지한다.

만약 비타민K가 부족하면 출혈이 일어났을 경우 지혈에 오랜 시간이 걸리며, 칼슘 대사가 원활하지 않아서 뼈가 약해질 수 있다.

10. 비타민B1

비타민B1은 탄수화물을 분해해서 에너지를 바꾸고 반려견들의 피로회복에 도움을 주는 역할을 한다.

탄수화물은 아무리 많이 섭취해도 비타민B1이 부족하면 에너지로 사용할 수 없고, 탄수화물 대사가 멈추면 젖산 등의 피로물질이 축적되어 몸이 나른하고 쉽게 피로해지며 신경도 정상적인 활동을 할 수 없다.

비타민B1은 피로회복 비타민으로 불리며, 피로회복에 중요한 역할을 한다. 운동 후 에너지 소비가 많을 때 비타민B1이 들어간 음식을 넣어준다면, 빠른 회복에 도움을 준다.

만약 비타민B1이 부족하면 온몸에 피로를 느끼게 되며 다리 저림 및 부종 증상이 발생하게 되고, 식욕감퇴, 체중감소 등 성장발육에 악영향을 끼칠 수 있다. 그리고 비타민B1은 수용성으로 과잉증이 없다.

11. 비타민B2

비타민B2는 세포재생을 촉진하여 피부를 보호하고 성장을 돕는 역할을 한다. 비타민A와 함께 피부와 점막을 건강하게 유지하고 상처 회복에 도움을 준다.

또한 체내 에너지 생산에 깊이 관여하여 탄수화물, 지방, 단백질을 에너지로 바꾸는 상호작용에 도움을 준다.

성장에 필수적인 영양소이고 호르몬 조절 작용도 있어서 발육 촉진 비타민이라고 부르며, 임신 중이거나 성장기 강아지들에게 필수 섭취 비타민이다.

또한 체내에 유해한 과산화지질을 분해하여, 생활습관병과 암을 예방하는데 효과가 있다.

만약 비타민B2가 부족하면 피부나 점막에 문제가 생겨서 피부병 또는 탈모가 발생된다. 그리고 식욕 부진으로 성장 저하와 체중감소 등의 전신 증상도 발생 된다. 비타민B2는 수용성이므로 과잉증은 없다.

12. 나이아신

나이아신은 비타민B군의 일종으로 주로 육류나 생선 등의 동물성 식품과 콩류, 견과류에 풍부하다. 나이아신은 체내에서 에너지원이 되는 탄수화물과 지방의 대사를 촉진하고 뇌의 신경전달물질 생성에 필수적인 요소로 뇌

신경의 기능을 돕는다.

필수 아미노산의 일종인 트립토판이 간에서 대사를 통해 나이아신으로 합성되는데, 그것만으로는 필요한 양을 충족할 수 없다. 철은 트립토판을 나이아신으로 바꾸기 위해 필요하기 때문에 철이 결핍되면 나이아신 부족현상이 일어날 수 있다.

만약 나이아신이 부족하다면 피부염 및 구내염, 설사를 일으키며 지각장애가 발생한다. 일반적인 식사를 통해 과잉증이 일어나지 않지만, 지나치게 섭취하면 구토나 설사, 부정맥 등을 일으킬 수 있다.

13. 비타민B6

비타민B6는 단백질을 생성하거나 분해하는 데 반드시 필요하며, 육류나 생선 등 단백질을 많이 섭취할수록 필요량이 많아진다.

비타민B6는 지질대사에도 깊게 관여하며, 간에 지방이 축적되는 것을 억제하는 작용도 있어 지방간 예방에도 좋다. 또한 신경전달물질인 도파민과 감마아미노낙산 등의 생성에 도움을 준다.

비타민B6는 장내 세균으로 합성할 수 있으므로 일반적인 식사로는 부족할 일은 없다. 하지만 비타민B6가 활성형 비타민이 되려면 비타민B2가 필요하며, 비타민B2가 풍부한 식품과 함께 섭취시키는 것이 효과적이다.

만약 비타민 B6가 부족하면 피부염과 빈혈, 식욕 부진으로 발육이 늦어진다. 일반적인 식사로는 과잉증이 일어나지 않지만, 과다 섭취하게 되면 운동장애를 일으켜 평행 감각을 상실할 수 있다.

14. 비타민B12

비타민B12는 비타민B군의 엽산과 힘을 합쳐서 적혈구 속에 있는 헤모글로빈의 합성을 돕고 빈혈을 예방한다. 유전 정보를 담당하는 DHA와 RNA를 생성하는 엽산을 보조하며, 세포증식과 단백질 합성에 빠질 수 없는 비타민이다.

비타민B12의 필요량은 매우 적은데, 장내 세균에 의해서도 합성되기 때문에 일반적인 식사를 통해 결핍증에 걸릴 경우는 없다. 단 비타민B12는 위 점막에서 분비되는 단백질의 일종과 결합해서 흡수되므로 위에 장애가 발생 시 별도로 섭취해야 한다.

만약 비타민B12가 부족하면 엽산의 기능이 저하되며 조혈 작용이 순조롭지 못해서 빈혈을 일으킨다. 또한 온몸이 나른하고 식욕 부진이 발생하며, 성장발육이 늦어질 수 있다.

15. 엽산

엽산은 보조효소로서 세포 생성과 조혈 작용에 반드시 필요한 비타민이다. 엽산은 적혈구 합성을 도와서 '조혈 비타민'이라고도 불리며 빈혈 예방에 도움을 준다.

유전자 물질인 DHA 합성에도 중요한 역할을 한다. 부족하면 세포의 정상적인 생성을 저해해서 성장이 느려지며, 특히 임신 중인 경우에는 더욱 필요한 비타민이다. 새끼의 선천성 장애를 예방하기 위해 엽산이 풍부한 녹색 채소 등을 적극적으로 섭취시켜야 한다.

만약 엽산이 부족하면 쉽게 피로해지고 피부염과 위궤양을 일으킨다. 또한 백혈구가 감소하여 악성 빈혈이 발생될 수 있다.

16. 비오틴

비오틴은 피부염을 치료하는 요소로 독일에서 발견되었는데, 독일어로 피부의 이니셜이 H라서 비타민H라고 불리기도 한다.

비오틴은 피부 건강을 유지하고 탈모를 예방하는 데 필수적인 비타민이다. 알레르기를 일으키는 화학물질 히스타민의 원료인 히스티딘을 제거하는 기능이 있어 아토피 피부염과 알레르기를 억제하는 효과로 주목받고 있다.

비오틴은 많은 음식에 함유되어 있어 일반적인 식사를 통하여 결핍증이 생기지 않지만, 날달걀 흰자의 아비딘이라는 효소가 비오틴 결핍을 만들기 때문에 주의해야 된다.

만약 비오틴이 부족하면 먼저 식욕 부진이 나타나며, 성장장애를 발생한다. 또한 피부염이나 관절염 같은 증상 외에도 털이 얇아지거나 털 색도 바뀌는 등 제멋대로 자라는 것도 비오틴 결핍에서 발생할 가능성이 있다.

17. 콜린

콜린은 세포막과 신경조직의 원료인 레시틴과 신경전달물질인 아세틸콜린의 구성 성분이며 동맥경화 및 지방간 예방에 효과적이다.

콜린은 비타민B군으로 분류되지만 다른 B군처럼 대사를 촉진하는 효소를 돕는 역할은 하지 않는다. 많은 양이 필요하기도 해서 보통 B군과 따로 취급한다. 체내에서 합성이 되지만 그만큼 필요한 양도 많기 때문에 실사로 충분한 보충을 해야 한다.

콜린이 부족하면 신경전달물질이 감소하기 때문에 신경장애가 일어날 수 있으며, 지방간이나 신부전 등도 발생할 수 있다.

18. 칼슘

칼슘은 체내에 가장 많이 존재하는 미네랄로, 뼈와 치아를 만들고 몸을 유지하는 중요한 역할을 한다.

칼슘은 세포증식과 혈액 응고, 호르몬 분비 등 다양한 생리 기능을 조절하며, 정신건강에 좋다.

그리고 칼슘은 세포 간의 정보를 전달하는 작용도 한다. 만약 철분이 부족하게 되면 뼈가 약해져서 부러지기 쉬우며, 특히 어린 강아지들은 다리가 휘는 경우도 발생할 수 있다. 또한 신경이 예민해지는 등 정신적으로도 영양을 줄 수 있다. 과다 섭취하면 구토 및 복통, 설사 등 고칼슘혈증을 일으킬 수 있다.

19. 인

인은 칼슘 다음으로 체내에 많은 미네랄이다. 칼슘과 마찬가지로 건강한 뼈와 치아를 형성을 하기 위해 반드시 필요한 미네랄이다.

DNA와 RNA 성분이 되는 핵산이 생성에도 깊은 관계가 있으며, 동시에 세포막을 구성하는 성분이 된다. 그 밖에 탄수화물, 지방, 단백질 대사를 촉진하는 효과도 있고 체액에 함유된 인산염은 PH 수치를 일정하게 유지해서 몸속 삼투압을 조절하고 신경전달에 도움을 준다.

인은 가공식품 대부분에 첨가물로 사용되기 때문에 과다 섭취하기 쉽기 때문에 섭취 시 칼슘과 균형을 계산해 급여를 해야 되며, 과다 섭취하면 칼슘의 흡수율이 떨어지고 뼈와 치아가 약해져서 신장질환을 일으킬 수 있다.

만약 인이 부족하면 뼈의 성장이 저해되어 성장기에는 발육이 느려지며, 몸이 허약해질 수 있다.

20. 마그네슘

마그네슘은 뼈를 구성하는 성분이며, 절반 이상은 골격 안에 저장되어 있다. 뼈와 치아를 구성하는 중요한 성분이며, 온몸의 세포 안에 있는 마그네슘은 체내의 미네랄 균형을 조절하거나 혈압과 체온을 유지한다.

마그네슘은 효소를 활발하게 해서 효소 반응으로 탄수화물과 단백질 대사를 촉진하며, 항스트레스 작용도 있어서 신경을 안정화시키며 혈압을 낮추는 효과도 있다.

마그네슘을 섭취할 때 칼슘과 균형이 중요한데 칼슘양의 절반 정도를 섭취하는 게 좋다. 만약 마그네슘이 부족하면 부정맥을 일으켜서 심장병에 걸릴 위험이 높아진다. 또한 정신이 불안정해지며 그로 인하여 체중의 감소가 발생한다. 또한 과다 섭취하게 되면 구역질과 설사 등 고마그네슘혈증을 일어날 수 있다.

21. 칼륨

칼륨은 지나치게 섭취한 염분을 배출해서 고혈압을 예방하며, 체내 PH 균형을 유지하는 데 도움을 준다.

칼륨은 세포 내에 나트륨이 증가하면 균형을 유지하는 기능이 작용하기 시작한다. 나트륨과 세포 외의 칼륨을 변환해서 나트륨 증가를 억제하는데, 이때 칼륨이 부족하면 나트륨 배출하지 못하고 세포 내에 나트륨이 지나치게 많아져서 고혈압을 일으킬 수 있다.

따라서 염분이 많은 음식을 먹거나 먹였을 경우에는 칼륨 성분이 많은 식품을 섭취하는 것이 좋다.

만약 칼륨이 부족하게 되면 설사나 구토 등 저칼륨혈증이 발생된다. 또한 심장병을 일으킬 위험도도 증가 된다.

22. 철

철은 적혈구의 헤모글로빈을 구성하는 성분으로 반드시 필요한 영양소이다. 특히 철은 기능철과 저장철로 나눠지는데, 기능철은 산소를 온몸의 조직으로 운반하는 중요한 역할을 담당하고 기능철이 부족하게 되면 저장철이 빠르게 보충되어 빈혈을 예방한다.

비타민C는 철의 흡수율을 높이는 효과가 있으므로, 비타민C가 풍부한 채소나 과일을 함께 먹는다면, 효과적으로 섭취할 수 있다. 만약 철이 부족하다면, 쉽게 피로해지고, 빈혈을 일으키며, 면역력이 떨어져 감염증에도 쉽게 걸린다. 또한 과다 섭취하면 구토나 두통 등 급성 중독 증상이 나타나기도 한다.

23. 아연

아연은 피부를 건강하게 유지하고 발육을 도와주는 영양소이다. 온몸의 조직에 널리 분포하는 아연은 특히 피부나 털에 많이 있다. 그래서 만약 아연이 결핍되면 가장 먼저 피부와 털에 이상 증상이 발생한다.

또 아연은 효소 대부분을 활성화하는 작용을 한다. 단백질이나 당질의 대사, 호르몬 분비, 면역 기능 유지에 관여하는 생명 활동의 근간을 유지할 수 있도록 도와준다.

특히 세포 생성에 빠뜨릴 수 없는 요소이며, 아연과 단백질이 결합하여 세포 분열해 발육을 촉진시키며, 피부와 미각 세포를 정상으로 유지하는 데 도움을 준다.

24. 구리

구리는 철과 밀접한 관계가 있다. 적혈구 속의 헤모글로빈이 산소와 결합하려면 철이 반드시 필요한데, 그때 구리도 있어야 철을 원활하게 보낼 수 있다. 그래서 구리는 철의 헤모글로빈으로 흡수하는 작용을 돕는다. 따라서 철이 충분히 있어도 구리가 부족하면 철분 결핍과 마찬가지로 빈혈이 발생한다.

구리는 많은 효소의 성분으로 콜라겐 등에서 단백질 생성을 돕는 효소이며, 뼈와 피부를 건강하게 하는 데 도움을 준다.

만약에 구리가 부족하면 쉽게 피로감과 빈혈을 일으키며, 성장기 강아지에게는 뼈가 약해져 성장장애가 발생할 수 있다.

25. 망간

망간은 주로 보조효소로서 효소 대부분을 활성하는 작용을 한다. 단백질, 지방, 탄수화물의 생성에 관여하며, 에너지 생산에도 도움을 주는 작용을 한다.

특히 뼈 형성에 반드시 필요한 미네랄로 만약 부족하게 되면 성장발육이 더디게 되며, 연골 합성에 필요한 효소 성분이기도 하고 성호르몬 분비에도 관여하기 때문에 생식 기능 장애가 일어날 수 있다.

26. 아이오딘(요오드)

아이오딘은 대부분 목 아래에 있는 갑상샘에 존재한다. 이 갑상샘 안에서 아이오딘을 원료로 하여 호르몬이 만들어진다.

갑상샘 호르몬은 세포의 산소 소비량을 조절해서 에너지 생산과 뇌 기능을 돕고 기초대사를 촉진하며, 성장과 생식, 근육 기능에도 중요한 역할을 한다. 그 밖에도 아이오딘은 체온을 유지하고 호흡을 활발하게 하며 피부를 건강하게 유지를 도와주는 등 다양한 작용에 관여를 한다.

27. 셀레늄

셀레늄은 활성산소를 분해하여 몸을 산화로부터 보호하는 작용을 한다. 또한 황산화효소 글루타티온 페록시데이스는 유해물질을 없애는데, 글루타티온 페록시데이스 주성분이 바로 셀레늄이다.

셀레늄이 부족하면 탈모가 발생하고 빠른 노화현상이 나타난다. 또한 과다 섭취를 하게 되면 발톱이 물러지고 털이 빠지며, 구토나 설사 등 소화 기능 저하를 시킬 수 있다.

원료 분류에 따른 영양성분 이해
• • • •

반려동물에게 올바른 수제 음식을 먹이려고 하는 사람들은 대부분 원료에 어떠한 성분이 있고, 언제 어떻게 먹이는 것이 좋을지 생각하게 된다. 그래서 원료 안에 들어 있는 성분과 방법과 급여방법에 대해 알아보자.

1. 육류

고기는 반려견의 주요 식재료이다. 육류를 구매할 때 다음의 4가지 사항을 주의하도록 한다.

첫째, 살코기를 사용한다: 닭고기, 돼지고기, 양고기, 소고기 등 각종 동물의 살코기는 강아지를 위한 좋은 선택지다.

다이어트 중인 강아지에게는 지방 함량이 비교적 낮은 닭가슴살이나 닭안심살 혹은 열량이 높되 지방이 없는 타조고기를 먹이면 된다.

소고기를 사용할 때, 지방 함량이 가장 낮은 부위와 다리부위를 선택하여, 다른 부위보다 열량이 낮은 고기를 먹인다.

한편 돼지고기는 과거 논쟁의 대상이 된 적이 있었지만, 일부 수의사들은 돼지고기의 지방 입자가 비교적 크기 때문에 강아지가 먹기에는 적합하지 않다고 생각했다. 그러나 훗날 다른 누군가가 강아지도 돼지고기를 먹을 수 있으며, 돼지고기의 가격이 다른 고기의 종류보다 저렴하므로 실용적인 식재료라는 것 증명했다. 닭 연령에 관계없이 먹일 수 있으며, 강아지의 가장 이상적인 식품이다.

둘째, 분쇄육을 사용한다: 기름기가 많은 비계는 강아지의 건강에 이로운 점이 전혀 없다. 재래시장에서 분쇄육을 사는 경우 우선 가게에서 분쇄육에 비계를 섞는지 확인 후 구매해야 한다.

셋째, 껍데기를 벗겨라: 동물의 껍데기는 지방이 많이 함유되어 있어 위에 부담을 줄 뿐만 아니라 설사를 유발시키고 췌장염이나 관련 합병증을 일으킬 가능성이 있다. 특히 뚱뚱한 강아지는 췌장염에 걸릴 가능성이 일반적인 강아지보다 높다.

넷째, 육포 간식에 주의: 소고기 또는 양고기로 많은 육포 간식의 지방 함유량을 간과해서는 안 된다. 과도한 기름은 강아지 건강에 부담이 된다.

2. 어류

생선은 강아지의 털과 피부의 건강을 유지 및 보호하고, 오메가3 지방산을 보충해준다. 생선은 붉은 살코기보다 지방 함량이 낮으므로 다이어트 중인 강아지에 적합하다.

생선을 살 때는 대구, 연어, 청어 등 가시가 비교적 큰 생선을 선택하는 편이 가시 고르기가 편하다. 만약 가시가 제대로 제거가 되지 않아서 모르고 급여 시 목에 걸리거나 소화기관에 찔린 거 같은 행동이 보인다면, 바로 동물병원에서 진료를 받아야 된다.

3. 내장

내장에는 강아지가 필요로 하는 대부분의 비타민과 미네랄이 함유되어 있다. 또한 내장에는 각각 특유의 영양성분이 함유되어 있다.

예를 들어 간에는 비타민A 소의 심장에는 구리 등이 풍부하게 함유되어 있다. 그러나 내장 지방 함량이 높은 간 종류의 내장을 너무 많이 먹여서는 안 좋다.

4. 채소

파와 부추를 제외한 모든 녹색 잎채소는 강아지가 먹기에 적합한 식재료다. 오이에는 비타민C가 풍부하게 함유되어 있고 양배추는 위를 보호, 토마토는 심장의 정상적인 기능을 유지, 파슬리는 소화를 돕고 구취를 제거, 브로콜리와 콜리플라워는 비타민이 풍부하게 함유되어 있다.

5. 달걀

달걀은 모든 식재료 중에서 단백질 함유량이 가장 높고, 경제적이며, 쉽게 살 수 있는 식품이다.

삶은 달걀, 달걀 볶음 등등 다양한 조리가 가능하다. 나를 위한 아침 식사를 준비하는 동안 강아지를 위하여 소금을 넣지 않은 달걀 프라이도 하나 만들어서 급여하는 것도 강아지 영양가 있는 간식으로 좋다.

6. 곡류

탄수화물에 속하는 곡류는 인슐린 분비에 영향을 주며 지방의 흡수를 돕는다. 또한 섬유질, 단백질, 비타민, 미네랄이 풍부하게 함유되어 있다.

다양한 곡류를 섞어서 섭취하면 아미노산 함량이 더욱 높아지고, 더 나아가 단백질의 품질이 향상된다. 곡류는 채소보다 일조량이 많아 햇볕에서 얻는 영양소가 채소보다 많다.

7. 치즈

일반적으로 강아지는 치즈 향에 넘어가지 않을 수 없다. 그러나 치즈는 지방 함량이 높고 강아지들이 완전히 소화할 수 없으므로 치즈를 선택할 때는 주의해야 되며, 강아지가 좋아한다고 해도 너무 많은 급여는 삼가야 한다.

8. 콩류

단백질 함량이 높기 때문에 때로는 식단에서 차지하는 육류의 비율을 부분적으로 대신할 수 있다.

그러나 육류에는 콩류가 제공할 수 없는 영양성분이 있고, 강아지는 식물성 단백질 흡수율이 상대적으로 낮기 때문에 완전히 대체해서는 안 된다.

9. 과일류

사과, 바나나 딸기, 복숭아, 배 등 사람들이 먹을 수 있는 과일은 대부분이 강아지도 먹어도 된다. 다만 강아지의 기호에 따라 달라질 뿐이다. 강아지에게 먹일 때 씨는 제거 후 먹이면 된다.

그러나 포도류에 속하는 과일은 강아지에게 심부전을 일으킬 수 있으므로 급여하면 안 된다.

10. 지방

어유는 자연식에 매일 첨가해야 하는 지방이다. 단 어유 중에는 가열하면 안 되는 제품이 있다는 사실에 주의하자.

아마씨유에는 오메가3 지방산이 풍부하게 함유되어 있어 피부와 털의 건강을 유지하고 기생충에 의한 소화관 질병을 감소시키며, 변비를 예방한다.

그러나 알레르기, 관절염, 신장 혹은 심장병을 앓는 강아지라면 아마씨유를 사용하지 않는 편이 좋다.

식재료에 따른 영양성분 이해
. . .

반려동물을 위하여 사용할 수 있는 다양한 식재료가 있다. 다만, 단미사료
에 사용 가능한 원료는 [별표3의2] 식품 등으로서 사료의 원료로 가능한 물
질의 범위(제5조의2 제1항 관련), [별표5] 단미사료의 품목별 기준 및 규격(제8
조 제1항 관련) 등을 참고하면 좋다.

위 자료에 명시되어 있는 재료를 사용하여 생산, 판매를 하는 것이 좋으며,
만약 나와 있지 않은 식재료를 사용할 시 법적 위반이 될 수 있으므로, 위반
하지 않도록 조심해야 한다.

1. 소고기: 튼튼한 체격을 만들고, 활력을 길러서 스태미나를 증강한다.

• 주요 영양소: 단백질, 비타민B2, 비타민B6, 나이아신, 콜린, 철, 아연, 칼륨
• 영양 효과: 성장 촉진, 생활습관병 예방, 콜레스테롤 제거, 빈혈 개선
• 영양과 효능:

뼈와 근육, 혈액 등을 구성하는 주성분인 단백질이 풍부하다. 특히 몸을 튼튼하게 하므로 성장기에 반드시 섭취시켜야 할 식품 중 하나이다.

비타민B군이 풍부한 것도 소고기의 특징이며, 비타민B2는 성장을 촉진하며 동맥경화 및 노화를 방지에 도움을 준다.

비타민B6는 피부와 치아를 건강하게 유지하는 데 도움이 되며, 알레르기 증상을 줄이는 데도 효과적이다.

콜린으로 동맥경화를 막고 생활습관병 예방 효과도 기대할 수 있으며, 흡수율이 높은 철분도 풍부해서 빈혈 및 피로 해소에도 좋다.

2. 닭고기: 피부 및 점막을 건강하게 유지하고 다이어트에도 적합하다.

• 주요 영양소: 단백질, 비타민A, 비타민B1, 비타민B2, 나이아신, 철, 아연, 칼륨
• 영양 효과: 동맥경화 예방, 간 기능 강화, 비만 예방, 피부 건강 유지
• 영양과 효능:

단백질이 주성분이며 비타민A, 비타민B군, 철, 아연 등도 함유되어 있어서 건강에 좋은 원물이다. 담백한 맛과 부드러운 육질은 병후 영양식으로도 적합하다. 필수 아미노산이 균형 있게 들어 있으며 특히 메티오닌이 풍부하며, 메티오닌이 간에 지방이 쌓이는 것을 예방하며, 육류 중에서도 비타민A가

많아 피부와 점막을 건강하게 유지하는 데 도움을 준다.

피부 노화를 방지하는 콜라겐도 함유되어 있어서 피부의 탄력을 높이는 효과를 기대할 수 있다.

3. 돼지고기: 비타민B1으로 피로가 풀리고 몸에 활력이 생긴다.

- 주요 영양소: 단백질, 지방, 비타민B1, 비타민B2, 비타민B6, 나이아신, 철, 칼륨, 아연
- 영양 효과: 피로 해소, 체력 증진, 고혈압 및 동맥경화 예방, 혈액순환 촉진, 피부 건강 유지
- 영양과 효능:

돼지고기는 비타민B군이 많다. 특히 피로 해소 비타민으로 불리는 비타민 B1이 풍부하다. 비타민B1은 피로의 근원인 젖산이 체내에 쌓이는 것을 방지하는 효과가 있고, 뇌의 중추신경이나 말초신경 기능에도 깊이 관여하며 근육과 신경의 피로를 없애준다.

그 밖에도 성장을 촉진하는 비타민B2와 피부 건강을 유지하고 지방 간을 예방하는 비타민B6, 혈액순환을 좋게 하는 나이아신 등이 풍부하며, 미네랄 종류로는 빈혈을 예방하는 철과 혈압 상승을 억제하는 칼륨이 풍부하다.

4. 동물 간: 지방은 적고 영양가는 높다! 빈혈 개선에도 효과가 탁월하다.

- 주요 영양소: 단백질, 비타민A, 비타민B1, 비타민B2, 비타민B6, 비타민K, 철, 아연, 엽산

• 영양 효과: 간 기능 강화, 감염증 예방, 피로 해소, 체력 증진, 혈액순환 촉진, 빈혈 개선

• 영양과 효능:

간이나 내장 고기는 모두 영양가가 매우 높다. 특히 양질의 단백질을 비롯해서 비타민A와 비타민B군, 엽산, 철, 아연 등이 풍부한 반면에 지방은 적다는 특징이 있다.

비타민A를 섭취시킬 때 최적의 공급원이다. 비타민A는 피부나 눈의 건강을 유지하는 데 반드시 필요한 영양소이며, 점막을 강화해서 감염증을 예방하고 면역력을 높이는 효과를 볼 수 있다. 간은 철 외에도 엽산 등 조혈 작용에 필요한 비타민이 풍부하기 때문에 빈혈 개선에 효과적이다.

5. 양고기: 대사율을 높여서 몸을 따뜻하게 하고, 다이어트에도 효과적이다.

• 주요 영양소: 단백질, 비타민A, 비타민B1, 비타민B2, 비타민D, 나이아신, 철, 카르노신

• 영양 효과: 소화 기능 강화, 정장 효과, 자양강장, 빈혈 및 냉증 개선, 피부 건강 유지

• 영양과 효능:

양질의 단백질을 주성분으로 한 양고기는 다른 고기에 비하면 지방이 적고 소화가 잘되는 것이 특징이 있으며, 비타민B군과 나이아신, 철 등이 풍부하다. 비타민B군은 대사를 촉진하고 몸과 뇌에 에너지를 공급하는 중요한 작용을 하며 나이아신은 혈액순환을 좋게 하고 피부의 건강을 유지하는 데도 유용하다.

철은 빈혈을 예방하고 개선하는 효과가 있다. 그리고 최근에는 다이어트 식품으로 양고기가 주목을 받고 있다. 아미노산의 일종인 카르노신이 풍부해서 지방 연소 시 효과적으로 작용하기 때문이다.

6. 달걀: 아미노산 균형이 이상적인 단백질원

- 주요 영양소: 단백질, 비타민A, 비타민B2, 비타민D, 비타민K, 철, 칼슘, 인
- 영양 효과: 생활습관병 예방, 노화 방지, 콜레스테롤 저하, 스태미나 강화
- 영양과 효능:

식품에서 섭취해야 하는 필수 아미노산을 모두 갖춘 완벽한 단백질원으로, 특히 메티오닌이 풍부해서 간 기능 장애를 개선하고 체력을 키우거나 회복하는 데 효과적이다.

비타민과 미네랄도 균형 있게 함유되어 있으며, 그중에서도 비타민A는 피부와 점막을 보호하고 면역력을 높여준다.

한편 날달걀의 흰자에 함유된 아비딘이라고 하는 성분은 비타민 흡수를 막아서 많이 섭취하면 피부병 등을 일으킬 수도 있으나, 가열하면 괜찮으니 가열조리 해서 주면 좋다.

7. 조개류: 간 기능을 향상시키고 해독 작용을 돕는다.

- 주요 영양소: 단백질, 엽산, 비타민B2, 비타민B12, 칼슘, 철, 타우린, 메티오닌, 호박산
- 영양 효과: 간 기능 개선 및 강화, 혈액순환 촉진, 동맥경화 예방, 빈혈 방지, 피로 해소, 콜레스테롤 저하

• 영양과 효능:

조개는 양질의 단백질을 비롯해서 비타민B군과 엽산, 칼슘, 철 등이 풍부하다. 간에 좋은 이유는 아미노산인 메티오닌과 타우린이 간 기능을 강화하는 효과가 있고, 타우린은 혈압 상승을 억제하고 동맥경화 예방에도 좋다.

8. 등푸른생선: DHA로 뇌를 활성화하고 노화를 방지한다.

• 주요 영양소: 단백질, 비타민B2, 비타민B6, 비타민D, 칼륨, 칼슘, DHA, EPA
• 영양 효과: 노화 방지, 뇌 기능 강화, 고혈압 및 동맥경화 예방, 혈액순환 촉진, 성장 촉진
• 영양과 효능:

단백질과 비타민B군, 등푸른생선에 많은 EPA와 DHA, 칼륨과 칼슘 같은 미네랄이 풍부하며, 특히 DHA와 EPA는 주목해야 할 영양소이다.

DHA는 뇌 기능을 향상시켜서 신경조직을 활성화하고 노화를 방지하며, 혈중의 좋은 콜레스테롤을 증가시키는 작용을 도와준다.

EPA는 혈전을 용해시켜서 혈액순환을 원활하게 하며, 혈관장애 및 동맥경화 예방에도 효과적이다.

튼튼한 뼈를 형성하는 칼슘과 칼슘의 흡수를 향상시키는 비타민D, 발육을 촉진하는 비타민B2도 풍부해서 성장기에 섭취시키면 좋은 식품 중 하나이다.

9. 연어: 강력한 항산화 작용으로 생활습관병과 암을 예방한다.

• 주요 영양소: 단백질, 비타민B1, 비타민B6, 비타민B12, 비타민D, 비타민E, DHA, EPA
• 영양 효과: 생활습관병 및 암 예방, 혈액순환 촉진, 동맥경화 예방, 뼈와 치아 강화, 피로 해소, 성장 촉진
• 영양과 효능:

붉은 살 생선으로 오해받는 연어는 사실 흰 살 생선이다. 특히 붉은 살은 연어의 주식인 크릴새우에 함유된 아스타잔틴이라고 하는 카로티노이드의 영향 때문이며, 강력한 항산화 작용으로 암을 억제하는 효과를 인정받았다.

양질의 단백질을 비롯해서 비타민B군, 비타민D, 비타민E도 풍부하며, 비타민B군은 주로 성장을 촉진하며 피로 해소에도 효과를 발휘한다.

비타민D는 칼슘 흡수를 돕고 뼈와 치아를 튼튼하게 만들며, 비타민E는 혈액순환을 좋게 하고 노화를 방지를 도와준다. 또한 뇌세포를 활성화하는 DHA와 혈액을 맑게 하는 EPA도 풍부하다.

10. 명태: 다이어트에 가장 적합한 저지방 식품이며, 암 억제 효과도 있다.

• 주요 영양소: 단백질, 비타민A, 비타민B1, 비타민B2, 비타민D, 비타민E, 칼륨, 글루타티온
• 영양 효과: 비만 예방, 혈액순환 촉진, 간 기능 개선 및 강화, 뼈와 치아 강화, 암 억제
• 영양과 효능:

명태는 대구목 대구과 생선이며, 생선 중에서 단백질, 비타민, 미네랄이 조

금 적은 편이긴 하나, 하지만 지방이 매우 적고 칼로리가 낮아서 당뇨병이나 비만으로 칼로리를 제한해야 할 때 좋은 재료 사용 가능하다.

비타민과 미네랄이 적은 편이지만 비타민D와 칼륨은 비교적 많은 편이고, 비타민D는 체내에서 칼슘 흡수를 돕고 뼈와 치아를 튼튼하게 하며, 칼륨은 나트륨을 배출해서 혈압 상승을 억제하는 효과가 있다.

또한 항산화 작용을 하는 아미노산의 일종인 글루타티온도 함유한다. 면역 기능에 도움을 준다.

그리고 명태는 건조하면 황태가 되며, 황태는 반려견의 훌륭한 보양식이다.

11. 참치: 단백질이 듬뿍 들어 있으며 DHA, EPA도 풍부하다.

◇◇◇

• 주요 영양소: 단백질, 비타민B6, 비타민D, 비타민E, 나이아신, 철, DHA, EPA

• 영양 효과: 노화 방지, 뇌 기능 강화, 혈액순환 촉진, 동맥경화 예방, 심장병 예방, 암 억제, 스태미나 증진

• 영양과 효능:

참치의 영양성분은 종류와 부위에 따라 다르지만, 공통적으로 양질의 단백질이 함유되어 있다. 특히 붉은 살은 26%가 단백질로, 다른 부위보다 칼로리가 낮으며, 셀레늄이라는 항산화물질을 함유해 암 예방과 노화 방지에 효과적이다.

튼튼한 몸을 만들기 위해서라도 자주 먹이면 좋다. 그리고 지방이 많은 부분에는 DHA와 EPA, 비타민D, 비타민E 등이 풍부하며, 이는 DHA는 뇌 기능을 향상시키며 동맥경화를 예방하고 개선하는 효과도 있다. 또한 EPA는 혈전을 용해시켜 혈액을 맑게 하는 기능이 있다.

12. 말린 멸치, 잔고기: 정신 안정 효과가 있는 칼슘의 효율적인 공급원

• 주요 영양소: 비타민B1, 비타민B2, 비타민D, 비타민E, 칼슘, 철, 아연, DHA, EPA

• 영양 효과: 뼈와 치아 강화, 정신 안정, 스트레스 해소, 뇌혈전 및 동맥경화 예방, 성장 촉진

• 영양과 효능:

정어리와 멸치는 대표적인 영양소인 칼슘을 비롯해 비타민과 미네랄이 풍부하며, 우유의 약 20배에 달할 만큼 칼슘이 풍부한 식재료이다.

칼슘은 뼈와 치아를 튼튼하게 하는 것으로 잘 알려져 있지만, 그 밖에도 스트레스를 완화해서 정신을 안정시키거나 신경의 정보전달 시 중요한 역할을 하며, 또한 멸치와 잔고기는 칼슘 흡수를 촉진하는 비타민D도 풍부해서 효과적인 칼슘 공급원으로 활용된다.

13. 호박: 풍부한 항산화 비타민으로 항암 치료 효과를 높인다.

• 주요 영양소: 비타민A, 비타민B1, 비타민B2, 비타민B6, 비타민C, 비타민E, 식이섬유, 셀레늄

• 영양 효과: 암 억제 및 개선, 노화 방지, 피부 건강 유지, 감염증 예방, 당뇨병 예방 및 개선

• 영양과 효능:

녹황색 채소인 호박은 베타카로틴을 비롯해서 활성산소를 제거하는 항산화 비타민C와 비타민E가 풍부하다.

베타카로틴은 체내에서 필요한 양만큼 비타민A로 바뀌고 나머지는 축적되어 암을 억제하거나 노화를 방지하며, 비타민B1은 당의 대사 작용을 도와준다.

비타민C는 베타카로틴과 함께 발암물질 합성을 막는 효과가 있으며, 비타민E는 항산화 작용이 강력할 뿐만 아니라 혈액을 맑게 해서 생활습관병을 예방한다.

발암물질의 체외 배출을 촉진하는 식이섬유도 많아서 여러 영양소의 상승 효과로 암을 극복할 수 있다.

14. 콜리플라워: 비타민C로 면역력을 강화하며 항스트레스 효과도 있다.

- 주요 영양소: 비타민A, 비타민B1, 비타민B2, 비타민C, 비타민K, 비타민U, 엽산, 식이섬유
- 영양 효과: 암 예방, 노화 방지, 변비 해소, 정장 효과, 정신 안정, 항스트레스, 피부와 뼈의 건강 유지
- 영양과 효능:

콜리플라워와 브로콜리는 같은 양배추 계통에서 탄생했기에 영양 면에서 유사한 부분이 많다. 공통적인 특징으로는 비타민C가 풍부하다는 점이며, 함유량을 비교하면 브로콜리가 더 많지만 데치면 거의 비슷해진다.

콜리플라워의 비타민C는 열에 강해서 익혀도 손실이 적으며, 비타민C는 피부와 근육조직을 결합하는 콜라겐의 생성을 돕는 효과가 있어서 피부와 뼈의 건강 유지에 좋으며, 면역력을 높이거나 항스트레스에도 효과적이다.

15. 양배추: 양배추 특유의 성분인 비타민이 위장장애 해결에 도움을 준다.

• 주요 영양소: 비타민C, 비타민K, 비타민U, 엽산, 칼륨, 칼슘, 식이섬유, 플라보노이드

• 영양 효과: 항궤양, 소화 기능 강화, 변비 해소, 정장 효과, 암 예방, 피부와 뼈의 건강 유지

• 영양과 효능:

양배추는 비타민을 많이 함유하는데 그중에서도 특히 비타민U와 비타민K가 풍부하며, 비타민U는 캐비진이라고도 하는데 양배추에서 발견되어 이런 이름이 붙었다고 한다.

손상된 위 점막의 물질대사를 활발하게 해서 위 점막을 회복시키며, 위염이나 십이지장궤양 등을 개선하는 데 가장 유용하다. 특히 비타민K는 튼튼한 뼈를 형성하는 데 필수적인 영양소로 피가 날 때 혈액을 응고시키며, 그 밖에도 비타민C를 비롯해서 항산화 작용을 하는 플라보노이드와 페록시데이스(과산화효소) 등 암을 예방하는 성분이 풍부하다.

16. 우엉: 풍부한 식이섬유가 배설을 촉진하고 생활습관병을 예방한다.

• 주요 영양소: 엽산, 아연, 철, 마그네슘, 구리, 칼슘, 셀레늄, 식이섬유

• 영양 효과: 생활습관병 예방, 변비 해소, 정장 효과, 암 예방 및 억제, 신장 기능 강화, 해독 촉진

• 영양과 효능:

우엉은 씹는 식감이 독특하고 섬유질이 많은 채소의 대표이고, 식이섬유는

장 속 노폐물의 배출을 도우며 변비 해소에 도움을 준다.

아울러 콜레스테롤과 염분을 흡착하고 배출해서 고혈압 예방에 효과적이며, 당분의 흡수를 억제하는 작용으로 혈당 수치가 올라가는 것을 방지해서 당뇨병 예방에도 좋다.

또한 수용성 식이섬유인 이눌린이 신장 기능을 강화해서 이뇨 작용을 촉진하며, 체내의 해독 작용을 향상시키는 데도 좋다. 아연과 구리, 셀레늄 등도 많아서 미네랄을 보충하는 데 유용하다.

17. 청경채: 미네랄이 풍부하고 영양가가 높은 대표적인 녹황색 채소

• 주요 영양소: 비타민A, 비타민C, 엽산, 칼슘, 철, 칼륨, 아연, 구리, 인
• 영양 효과: 피부와 뼈의 건강 유지, 암 억제, 동맥경화 예방, 혈액순환 촉진, 빈혈 개선, 신장 기능 강화, 해독 촉진
• 영양과 효능:

비타민과 미네랄 모두 풍부해서 굉장히 영양가가 높은 채소이다. 특히 시금치의 2배 이상 칼슘이 함유되어 있다.

칼슘은 뼈와 치아를 튼튼하게 할 뿐만 아니라 스트레스 완화 작용도 하고, 그밖에도 아연과 칼륨, 철, 구리, 인 등 여러 가지 미네랄을 함유가 되어 있다.

철과 구리는 빈혈을, 칼륨은 고혈압을 예방하며, 베타카로틴과 비타민C 등의 항산화력이 강한 비타민도 듬뿍 함유하고 있어 면역력을 강화하고 생활습관병과 빈혈을 예방에 좋고, 암을 억제하는 효과를 기대할 수 있다.

18. 고구마: 식이섬유로 변비를 해소하고, 암과 생활습관병을 예방한다.

• 주요 영양소: 탄수화물, 비타민B1. 비타민B6, 비타민C, 비타민E, 칼륨, 식이섬유, 얄라핀

• 영양 효과: 피부와 뼈의 건강 유지, 정신 안정, 항스트레스, 암 및 생활습관병 예방, 변비 해소, 소화 기능 강화

• 영양과 효능:

주요 에너지원인 탄수화물을 비롯해서 비타민과 미네랄도 풍부하며, 그중에서도 비타민C는 풍부할 뿐만 아니라 열에 따른 손실이 적다.

면역력을 강화하거나 스트레스에 대한 저항력을 높이는 작용도 있어서 피부와 뼈를 건강하게 하는 데 도움이 되며, 항산화력이 강력해서 항산화 비타민E와 함께 활성산소의 피해를 방지한다. 고구마는 식이섬유가 풍부해서 변비를 개선하고, 콜레스테롤과 염분의 흡수를 억제해서 동맥경화 및 생활습관병을 예방에 도움을 준다.

19. 무: 효소 작용으로 소화를 도우며, 무청도 영양이 풍부하다.

• 주요 영양소: 비타민A, 비타민C, 비타민E, 엽산, 칼륨, 칼슘, 식이섬유, 아밀레이스

• 영양 효과: 변비 해소, 정장 효과, 소화 기능 강화, 암 예방, 신장 기능 강화, 피부와 뼈의 건강 유지, 정신 안정, 항스트레스

• 영양과 효능:

소화 작용이 뛰어난 채소로 위의 기능을 좋게 하는 효능이 있으며, 이는 소화 및 흡수를 돕는 아밀레이스 등의 효소를 함유하고 있기 때문인데, 이 소

화 효소에는 해독 작용도 있어서 발암물질을 제거하는 데 도움이 준다.

그 밖에도 비타민C와 식이섬유가 풍부해서 암을 예방하거나 변비를 해소하는 데도 효과적이며, 영양적인 면에서는 뿌리 부분보다 무청이 주목을 받고 있다.

카로틴과 비타민C, 비타민E를 비롯해서 미네랄도 풍부하며. 특히 체격을 튼튼하게 만드는 데 필수 요소인 칼슘도 듬뿍 들어 있어 성장기 강아지에게 효과적이다.

20. 토마토: 강한 항산화 효과로 노화를 방지하며, 암을 억제하는 효과

◇◇◇

- 주요 영양소: 비타민A, 비타민B6, 비타민C, 비타민E, 칼륨, 식이섬유, 구연산, 리코펜
- 영양 효과: 암 억제, 노화 방지, 고혈압 및 동맥경화 예방, 변비 해소, 정장 효과, 소화 기능 강화, 피로 해소
- 영양과 효능:

건강에 좋은 채소를 대표하는 토마토는 칼로리는 낮고 비타민과 미네랄은 풍부하다.

그중에서도 토마토의 빨간 색소 성분인 리코펜이 가장 주목받는 영양소이며, 리코펜은 강한 항산화 효과로 면역력을 높이고 암을 억제하거나 노화를 방지한다.

풍부한 항산화 비타민과 함께 섭취하면 상승효과도 기대할 수 있다. 특히 칼륨은 혈중 염분을 배출해서 혈압을 낮추고 동맥경화 예방에 도움을 주며, 구연산의 신맛은 위액 분비를 촉진해서 위의 상태를 좋게 유지하는 데 도움을 준다.

21. 가지: 항산화 작용이 강력한 색소 성분 나스닌이 풍부

◇◇

- 주요 영양소: 당질, 비타민B1, 비타민B2, 비타민B6, 엽산, 칼륨, 식이섬유, 나스닌
- 영양 효과: 동맥경화, 고혈압, 암 등 생활습관병 예방, 혈액순환 촉진, 이뇨 촉진, 치주질환 개선
- 영양과 효능:

가지는 90% 이상이 수분으로 이루어져 있으며, 당질과 식이섬유, 소량의 비타민과 칼륨을 함유하고 있다.

하지만 이렇다 할 영양이 없는 채소로 오랫동안 여겨져 왔지만 최근 검사를 통하여 나스닌이라고 하는 효과적인 물질이 확인되면서 주목받고 있다.

나스닌은 껍질에 함유된 색소 성분으로, 항산화 효과가 강해서 콜레스테롤 수치를 낮추고 동맥경화를 방지하며 생활습관병이나 암을 예방하는 효과가 뛰어나다.

예전부터 한방에서는 가지를 몸의 열을 식히거나 혈액순환을 촉진하는 데 사용하였다. 가지는 이뇨 작용뿐만 아니라 머리에 피가 몰리는 증상을 없애거나 고혈압 예방에 도움을 준다.

22. 파프리카

◇◇

- 주요 영양소: 비타민B, 비타민A, 엽산, 칼륨, 식이섬유, 마그네슘 당질
- 영양 효과: 항염 혈압관리, 시력 보호 및 눈의 피로회복, 철분보급을 통한 빈혈 개선과 예방

• 영양과 효능:

가짓과에 속해 있는 파프리카는 다양한 비타민, 미네랄이 함유되어 있어 항
산화 효과를 지니고 있으며, 몸에 염증 세포가 과도하게 만들어지거나 정상
적인 세포가 필요 이상으로 빠르게 사멸하는 것을 예방한다. 또한 이런 작
용을 통해 만성적인 염증 케어에 도움이 되는 음식이다.

23. 당근: 병원체에 맞서는 저항력을 키우는 베타카로틴이 풍부하다.

• 주요 영양소: 비타민A, 비타민B1, 비타민B2, 비타민C, 칼륨, 철, 칼슘, 식이
섬유
• 영양 효과: 동맥경화, 고혈압, 암 등 생활습관병 예방, 피부 건강 유지, 백내
장 예방, 감염증 예방
• 영양과 효능:

녹황색 채소의 대표인 당근은 베타카로틴이 매우 풍부하다. 베타카로틴은
소장에서 필요한 분량만큼 비타민A로 바뀌며, 남은 베타카로틴은 항산화
작용으로 활성산소를 억제에 도움을 준다.

세포의 노화를 방지하고 암과 생활습관병을 예방하는 효과도 있으며, 당근
에 함유되어 있는 비타민A는 점막이나 피부를 건강하게 유지하고 면역력을
향상시키는 데 도움을 준다.

병원체의 침입을 막아서 감염증 예방에도 효과적이다. 특히 눈 건강을 유지
하는 데도 필수적인 영양소로, 백내장 예방에 도움이 된다. 풍부한 칼륨은
체내에 쌓인 과다한 염분을 배출시켜서 고혈압 예방에 도움을 준다.

24. 브로콜리: 비타민C를 비롯한 다양한 성분으로 건강을 도와준다.

- 주요 영양소: 비타민A, 비타민B2, 비타민C, 비타민E, 비타민, 칼륨, 칼슘, 식이섬유
- 영양 효과: 동맥경화, 고혈압, 암 등 생활습관병 예방, 정신 안정, 항스트레스, 피부와 뼈의 건강 유지
- 영양과 효능:

브로콜리는 비타민과 미네랄이 균형 있고 풍부하며 영양가가 높은 녹황색 채소이다. 그중에서도 비타민C의 함유량이 상당히 높다.

대표적인 항산화 비타민인 비타민C는 활성산소의 피해를 막는 중요한 역할을 한다. 그와 동시에 몸의 면역 기능을 강화해서 바이러스나 병원체에 대한 저항력을 향상시킨다.

또 피부와 뼈의 건강을 유지하기 위해 반드시 필요한 영양소 중 하나이다.

그 밖에도 활성산소 발생을 억제하는 베타카로틴과 활성산소의 해독물질을 활성화하는 설포라판 성분도 함유되어 있으며, 항암 및 생활습관병 예방 효과에 도움을 준다.

25. 시금치: 활력소인 각종 비타민과 미네랄이 풍부.

- 주요 영양소: 비타민A, 비타민B1, 비타민B2, 비타민C, 엽산, 칼륨, 철, 망간, 칼슘
- 영양 효과: 빈혈 예방, 혈액순환 촉진, 피로 해소, 동맥경화 예방, 암 억제, 노화 방지, 백내장 예방, 감염증 예방

- 영양과 효능:

과거부터 힘의 원천이 되는 건강 채소로 널리 알려진 시금치는 비타민과 미네랄이 풍부하다. 그중에서도 철이나 엽산처럼 조혈 작용을 돕는 성분이 많다.

철은 혈중 헤모글로빈의 합성을 촉진하는 효과가 있고, 엽산은 적혈구의 합성을 돕는다. 특히 엽산은 조혈 비타민이라고 불리기도 한다. 이러한 성분으로 빈혈을 예방하고 개선에 도움을 준다.

특히 베타카로틴이 많아서 활성산소를 제거하는 데 도움이 되며, 면역력을 향상시켜서 감염증 예방에도 좋고, 철의 흡수를 돕는 비타민C와 비타민B군도 풍부하다.

26. 버섯류: 칼로리가 낮고 식이섬유가 풍부하며 암 예방에도 효과적이다.

- 주요 영양소: 비타민B1, 비타민B2, 비타민D, 엽산, 나이아신, 칼륨, 식이섬유, 글루칸
- 영양 효과: 암 및 생활습관병 예방, 변비 및 비만 해소, 뼈와 치아 강화, 정신 안정, 피로 해소, 면역력 증강
- 영양과 효능:

칼로리가 낮은 버섯은 다이어트에 좋은 식품 중 하나이다. 특히 식이섬유도 풍부해서 변비를 해소할 뿐만 아니라 장내 유해물질 배출을 촉진해서 생활습관병을 예방에 도움을 준다.

사용 가능한 버섯으로 노루궁뎅이버섯, 느타리버섯, 영지버섯, 잎새버섯, 큰느타리버섯, 표고버섯 등이 있다.

영양소 면에서는 비타민B군과 비타민D의 기초가 되는 성분이 풍부하며, 비타민B군은 지질과 당질의 대사를 촉진해서 피로 해소에도 좋다. 비타민D는

칼슘 흡수를 도와서 뼈를 튼튼하게 만드는 데 반드시 필요한 비타민이다. 또한 버섯에 함유된 글루칸이라는 다당질에는 강력한 항암 효과가 있으며, 특히 잎새버섯은 글루칸이 풍부한 것으로 알려져 있다.

27. 콩류: 이뇨 작용으로 부종을 개선하며 디톡스 효과가 있다.

- 주요 영양소: 단백질, 비타민B1, 비타민B2, 나이아신, 칼륨, 칼슘, 철, 식이섬유, 사포닌
- 영양 효과: 동맥경화 및 생활습관병 예방, 변비 해소, 정장 효과, 피로 해소, 스태미나 강화, 신장병 예방, 부종 해소
- 영양과 효능:

식물성 단백질을 비롯해서 비타민B군과 미네랄, 식이섬유가 풍부하다. 특히 콩류에 함유되어 있는 비타민B군은 당질이나 지질을 에너지로 바꾸고 대사를 촉진하는 데 도움을 준다.

사용 가능한 원료의 콩으로 대두, 렌틸콩, 루핀, 완두, 이집트콩 등이 있다.

피로를 풀거나 손상된 세포를 회복시키고 발육을 돕는다. 식이섬유는 체내의 유해물질을 배출하거나 콜레스테롤의 흡수를 방지하며, 변비 해소 및 동맥경화 예방에도 도움을 준다.

또한 콩의 쓴맛 성분인 사포닌에는 이뇨 작용 성분이 있어서 신장질환 등으로 생기는 부종을 없애 주며, 혈중 콜레스테롤을 억제해서 생활습관병 예방에도 효과가 좋다.

28. 해조류: 부족하기 쉬운 미네랄 성분이 풍부한 '바다의 채소'

◇◇

- 주요 영양소: 비타민A, 비타민B1, 비타민B2, 칼슘, 철, 아연, 마그네슘, 아이오딘, 식이섬유

- 영양 효과: 뼈와 치아 강화, 빈혈 예방, 항스트레스, 갑상샘종 개선, 변비 해소, 정장 효과

- 영양과 효능:

저칼로리 식품으로 알려진 해조류는 '바다의 채소'로 불릴 정도로 영양이 풍부하다. 특히 몸에 부족하기 쉬운 미네랄 성분이 가장 많이 함유되어 있다.

사용 가능한 원료로는 갈래곰보, 갈파래, 감태, 곰피, 김, 꼬시래기, 다시마, 돌가사리, 둥근돌김, 뜸부기, 매생이, 모자반, 미역, 불등가사리, 석묵, 우뭇가사리, 지충이, 진두발, 청각, 톳, 파래 등이 있다.

칼슘은 뼈와 치아를 튼튼하게 만들고 정신 안정 효과도 있다. 그래서 성장기 강아지에게 자주 섭취시켜야 하는 영양소 중 하나이다.

철은 적혈구 속에 있는 헤모글로빈의 재료가 되는 성분으로 조혈 작용을 도와준다. 빈혈 증상을 보일 때 섭취하면 좋다.

아이오딘은 갑상샘 호르몬의 원료로서 뇌 기능을 돕고 온몸의 기초대사를 촉진하며, 식이섬유도 풍부해서 변비 해소 및 정장 작용에 도움을 준다.

29. 콩을 이용한 제품: 유효 성분이 풍부한 이상적인 단백질원

◇◇

- 주요 영양소: 단백질, 비타민B1, 비타민B2, 비타민E, 칼륨, 칼슘, 사포닌, 이소플라본

- 영양 효과: 암 및 생활습관병 예방, 노화 및 비만 예방, 콜레스테롤 저하, 피로 해소, 스태미나 증진
- 영양과 효능:

육지에서 키우고 밭에서 나는 '고기'로 불리는 콩은 이상적인 아미노산 균형을 지닌 단백질이 주성분이다. 특히 콜레스테롤을 저하하는 효과가 있는 리놀레산 등 양질의 지질을 함유하는 고단백 저칼로리 식품 중 하나이다.

콩을 이용한 제품으로 두부나 유부 등이 있으며, 콩 제품의 효능은 콩과 거의 동일하고 피로 해소에 좋은 비타민B1과 항산화 작용이 강력한 비타민E가 풍부하게 함유되어 있다.

하지만 시중에 판매되는 두부는 식품위생법에 의거하여 만들어진 완제품으로 분류되어, 시중에 두부를 이용하여 강아지 식품을 만들게 되면 단미사료법에 위반이 되므로, 콩류를 이용하여 직접 두부를 만들어서 사용하도록 하자.

또한 체내에서 지질대사를 촉진하는 사포닌이나 암 예방에 효과가 있는 것으로 알려진 이소플라본 등 콩 특유의 성분이 풍부하다.

30. 견과류(단백질류): 응축된 영양소는 생활습관병과 암에 효과적이다.

- 주요 영양소: 지질, 비타민B1, 비타민B2, 비타민, 칼슘, 철, 칼륨, 식이섬유
- 영양 효과: 동맥경화 및 생활습관병 예방, 노화 방지, 암 억제, 피부 건강 유지, 스태미나 증진, 면역력 강화
- 영양과 효능:

밤, 호두, 아몬드, 땅콩의 주성분은 식물성 지방이고 대부분이 리놀레산과 올레산 같은 불포화지방산이다.

견과 제품에 함유된 불포화지방산은 체내의 유해한 콜레스테롤은 줄이고

좋은 콜레스테롤은 늘리는 데 효과적이다. 따라서 동맥경화나 혈전 예방에 탁월한 효과가 있다.

비타민 중에서는 비타민B군과 비타민E가 풍부하며, 비타민B군은 탄수화물과 지방의 대사 작용을 활발하게 하고 피로물질이 생기거나 쌓이는 것을 막아 몸에 활력을 돌게 한다.

비타민E는 강력한 항산화 작용으로 세포를 젊고 생기 있게 유지하며 암을 예방에 도움을 준다. 다만 견과류는 칼로리가 상당히 높으니 많이 먹이지 않도록 주의해야 한다.

31. 과일류: 풍부한 비타민C로 암과 감염증을 예방에 효과적

- 주요 영양소: 비타민C, 비타민E, 엽산, 칼륨, 식이섬유, 구연산, 안토시아닌
- 영양 효과: 동맥경화 및 생활습관병 예방, 암 억제, 감염증 예방, 피부와 뼈의 건강 유지, 정신 안정, 신장 기능 강화
- 영양과 효능:

비타민C는 여러 과일에 많은 영양소 중 하나이다. 단미사료로 사용 가능한 과실류는 로즈힙, 바나나, 배, 사과, 산사자, 코코넛(야자), 키위, 혼합과실 등이 있다.

피부와 뼈를 건강하게 유지하고 감염증을 예방에 도움을 주며, 칼륨이 풍부한 과일로는 사과와 귤이 있다. 칼륨은 체내에 쌓인 염분 배출을 촉진하고 동맥경화를 예방하는 데 효과적이다.

이뇨 작용에 도움을 주어 신장 기능을 보호에 도움을 주며, 안토시아닌 등 과일에 풍부한 폴리페놀은 강력한 항산화물질로 생활습관병과 암 예방에 도움을 준다.

32. 낙농가공부산물류: 소화 흡수가 잘되는 칼슘이 풍부하다.

- 주요 영양소: 단백질, 비타민A, 비타민B1, 비타민B2, 비타민B6, 칼륨, 칼슘, 인
- 영양 효과: 뼈와 치아 강화, 정신 안정, 노화 방지, 간 기능 강화, 변비 해소, 정장 효과, 소화 기능 강화
- 영양과 효능:

동물성 우유를 원료로 하는 원료로 유당, 유장, 유조, 전지분유, 치즈, 탈지분유 등이 있으며, 그 중 공통적으로 많이 함유되어 있는 영양소는 바로 칼슘이다.

칼슘은 뼈와 치아를 튼튼하게 하고 정신을 안정시키는 효과가 있으며, 우유나 산양유를 발효시켜 굳힌 치즈는 칼슘과 단백질이 우유일 때보다 훨씬 많아서 소화 흡수가 잘되는 상태가 된다.

또 치즈에는 메티오닌 성분이 풍부하여 간 기능을 강화에 도움을 준다. 우유를 유산균으로 발효시킨 요구르트도 칼슘과 비타민B2가 많으며, 유산균은 장내 유익균을 활성화해서 노화를 방지하는 데 도움을 준다.

33. 곡류: 영양가 높고 체력을 발하여 간 기능을 개선에 도움.

- 주요 영양소: 단백질, 탄수화물, 비타민B1, 비타민B2, 비타민E, 칼륨, 철, 아연, 마그네슘
- 영양 효과: 체력 증진, 피로 해소, 간 기능 개선 및 강화, 변비 해소, 정장 효과, 부종 해소, 해독 촉진
- 영양과 효능:

귀리, 메밀, 밀, 보리, 수수, 쌀, 옥수수, 조, 피, 호밀 등 잡곡은 영양가가 높

아서 건강식에 자주 활용되며, 특히 곡류는 단백질과 비타민, 미네랄을 균형 있게 함유해서 체력 증진에 도움이 된다.

곡류에 풍부한 비타민B군은 피로를 해소하고 간 기능을 향상시키거나 발육을 촉진하는 효과가 있으며, 특히 아연은 당질대사를 향상시키고 물질대사를 증진시키는 데 도움을 준다.

철은 적혈구의 주요한 성분이며 빈혈을 예방한다. 율무는 소염, 이뇨, 진통 등의 효과가 있으며, 체내의 수분과 혈액의 흐름을 좋게 하고 해독을 촉진에 도움을 준다. 그리고 부종 해소에도 효과를 준다.

34. 유지류(식물성 기름): 유해 콜레스테롤을 줄여서 혈관을 건강하게 유지

- 주요 영양소: 비타민E, 비타민K, 칼륨, 철, 마그네슘, 인, 올레산, 리놀레산
- 영양 효과: 동맥경화 및 고혈압 예방, 콜레스테롤 저하, 비 해소, 정장 효과, 소화 기능 강화, 피부 건강 유지
- 영양과 효능:

유지류는 식물성 기름으로 분류되며 대두유, 면실유, 미강유, 식물성 혼합유, 아마인유, 야자유, 옥수수유, 채종유(카놀라유), 팜유, 해바리기유 등이 있다.

유지류에 에너지원으로 변환되는 주요 성분인 지방산의 종류에 따라 효과가 다르다. 특히 육류는 포화지방산이 많지만, 식물성 기름은 불포화지방산이 주요 성분 중 하나다.

불포화지방산은 콜레스테롤을 억제하는 효과가 있으며, 함유되어 있는 올레산은 식물성 기름 중에서도 카놀라유에 풍부하다. 유해 콜레스테롤은 줄이고 좋은 콜레스테롤은 늘려서 동맥경화나 고혈압을 예방에 도움을 준다.

반려동물에 필요한 영양소 (고양이)

· · · ·

고양이는 개와 다르게 야생에 가까운 동물이다. 역사적으로 개는 사람이 수렵 생활을 할 때부터 함께 지내왔으나, 고양이가 사람의 생활에 등장한 시점은 사람들이 정착하여 농사를 짓기 시작할 무렵이라고 한다.

쥐가 농작물을 먹으려고 하자 쥐의 천적인 고양이가 등장하였고, 또한 고양이는 사람과 가까이에서 살면 천적으로부터 보호를 받을 수 있어 자연스럽게 함께 살게 되었다고 한다.

고양이는 육식을 하는 육식동물이다. 그래서 고양이에게 좋은 음식이란 야생에서 살던 시절 먹던 것에 가까운 음식이며, 고기나 생선이 필수이다.

음식을 소화하고 영양분을 흡수하며, 대사 활동을 하는 등의 몸속 시스템은 같은 포유류라고 하더라도 사람과 강아지 그리고 고양이는 많은 차이가 있다. 예를 들어 비타민C는 콜라겐을 만드는 데 필요한 영양소이지만, 사람은 비타민C를 체내에서 합성하지 못한다. 하지만 고양이의 경우 단백질이 들어간 음식을 먹으면 비타민C를 합성할 수 있기 때문에 따로 비타민C를 챙겨 먹을 필요가 없다.

다만 고양이가 체내에서 합성하지 못하는 영양소도 있다. 그중에서도 몸을 이루는 필수 아미노산인 타우린이나 아르지닌, 에너지원으로 대사에 반드시 필요한 아라키돈산 등은 매우 중요한 영양소이다. 니아신이나 비타민A 등과 같은 비타민, 미네랄이 있다. 이는 음식을 통해 얻을 수 있고, 이 영양소들이 주로 들어 있는 것이 고기나 생선 같은 동물성 단백질이다.

이처럼 고양이는 개와 다르게 육식동물이기 때문에 건강하게 키우려면 고기류 또는 생선을 먹이면 된다.

세균학

본 내용의 《미리 가보는 수의학 교실》(충북대학교출판부, 2020) 내용 일부를 발췌하였습니다.

미생물학의 개요

· · · ·

미생물(microorganism)이란 눈으로는 관찰되지 않는 아주 작은 생물을 의미한다. 수의학에서 중요한 미생물의 종류에는 세균(bacteria), 바이러스(virus), 진균(fungus) 등이 있다.

세균에는 대장균, 포도상구균, 결핵균, 브루셀라균, 탄저균 등과 같이 사람이나 동물에게 매우 위험한 질병을 일으키는 것도 있지만, 질병과는 관계

없는 비병원성 세균이 우리 주변의 자연계에는 더 많이 존재하기도 한다.

1. 세균이란

세균은 보통 단세포로 이루어진 원시적인 원핵생물이라고 정의할 수 있다. 원핵생물이란 세포 내에 막으로 둘러싸인 핵과 세포소기관을 갖고 있지 않아 핵막과 사립체와 같은 세포소기관을 갖는 진핵생물과는 구별된다.

세균은 원시적인 단세포 생물이기 때문에 대부분 고등생물인 진핵생물에 비해 비교적 단순한 구조와 형태를 가지고 있다.

2. 세균학의 역사

300여 년 전 네덜란드의 한 아마추어 과학자인 레벤후크가 수작업으로 제작한 단안현미경을 통해 역사상 처음으로 미생물을 관찰, 기록하면서 세균학의 근대 역사가 시작되었다.

그 당시에 과학자들조차도 생물이 무생물로부터 자연적으로 발생한다는 자연발생설을 믿고 있었으며, 썩은 고기에서 구더기가 자연적으로 발생하며, 부패한 빵에서 곰팡이가 자연적으로 발생했다고 믿었던 시대였다.

이런 시대적 배경에서 관찰된 적 없는 미생물의 발견은 많은 호기심을 가져왔고, 그 생명의 기원에 대해서도 논쟁이 시작됐다. 오랜 기간 동안의 논쟁을 잠재운 것이 프랑스의 유명한 세균학자인 파스퇴르였다.

19세기 중반부터 20세기 초반까지의 70여 년을 미생물학의 황금기라고 하는데 그 이유는 이 시기에 중요한 많은 미생물이 발견과 업적이 발표되었기 때문이다.

그 당시 프랑스의 파스퇴르와 독일의 코흐가 쌍벽을 이루는 업적을 발표하였는데, 파스퇴르는 와인을 제조한 후 오래되면 식초로 산패되는 고질적인 문제점의 원인을 연구하면서, 효모라는 미생물의 발효 과정에 의한 것이라는 걸 처음 발견하였다. 또한 알코올이 식초로 바뀌는 것도 초산균의 2차 발효에 의한 것임을 처음으로 밝혀냈다.

파스퇴르는 와인의 산패를 막는 방법으로 알코올 농도와 맛을 변화시키지 않으면서 산패를 막을 수 있는 저온살균법이라는 식품보존법을 개발하였다. 이 방법은 식품산업과 보건위생에 큰 변화를 가져왔다.

독일의 코흐는 그 당시 유럽에 대유행하였던 탄저병의 원인체가 세균의 감염에 의한 것임을 처음으로 발견하였다. 이와 같은 감염병이 원인이 미생물에 의해 발생됨으로 코흐의 가설을 통해 과학적으로 입증함으로써 질병의 배종설을 확립하는 큰 업적을 세웠다.

3. 세균의 종류

병원 미생물 중 대부분을 차지하고 있는 세균은 2분열법에 의해 빠르게 증식하는 분열균류 이다. 세균은 살아 있는 단세포 미생물로 물, 바람, 곤충, 식물, 동물, 사람 등에 의해 식품을 오염시킨다. 피부에 생긴 상처나 손톱 밑, 입, 코 등에 세균이 존재하며 손에 있는 세균은 식품을 오염시키는 주요인이 된다.

인체에 침입한 세균은 경구감염병이나 감염형 식중독 등을 일으키거나 식품에 증식하여 독소를 생성하기 때문에 중요한 위해요소로 세균에 의한 피해를 줄이기 위한 예방책이 필요하다.

세균은 형태에 따라서 구균(coccus), 간균(bacillus), 나선균(spirillum)으로 구분된다. 구균은 종류에 따라서 세포의 배열상태가 달라지기 때문에 배열상태에 따라서 단구균(monococcus), 쌍구균(diplococcus), 8련구균(sarciana), 연쇄상구균(streptococcus), 포도상구균(staphylococ-cus)으로 구분된다.

한 방향으로만 분열하여 길게 연결되어 있는 것을 연쇄상간균(streptobacillus)이라 하고 디프테리아균에서 볼 수 있다. 간균에서 길이가 폭의 2배 이상이 되는 것을 장간균이라 하고, 길이가 폭의 2배 이하인 것을 단간균이라 한다.

Coryne형은 세포가 V, Y, L자 모양으로 연결되어 존재한다. 나선균은 세포가 각각 따로 존재하거나 배열되는 경우가 별로 없다. 나선균에는 나선의 정도가 불안정한 짧은 콤마(comma)와 같은 호균(vibrio)과 S자형으로 생긴 spirillum, 여러 번 구부러진 spirohaeta가 있다.

4. 곰팡이의 종류

균류 중에서 진균류에 속하는 미생물로서 균체가 지름 5m 정도로 곰팡이는 보통 그 본체가 실처럼 길고 가는 모양의 균사로 되어 있는 사상균을 가리킨다.

곰팡이의 생육 최적온도는 25~30℃의 중온균이다. 곰팡이의 일반적인 성질은 자연계에 널리 존재하므로 포자증식으로 인해 식품을 오염시켜서 발육환경이 적합하면 발아해서 증식한다.

세균보다 증식속도는 느리지만 세균이 증식하지 못하는 수분 13~15%의 건조식품에서도 적절한 온도만 유지되면 증식할 수 있고, 당 또는 식염 농도가 높은 식품에도 증식해서 식품을 변질시킨다.

곰팡이는 치즈, 소시지, 간장, 된장 등의 식품생산과 효소생산에도 활용되지만, 일부 곰팡이들은 유해색소나 곰팡이 독을 생성해서 안 좋은 영향을 가할 수도 있다.

곰팡이균 중 버섯을 형성하는 것은 자낭균류의 일부와 담자균류가 대부분이므로 나머지는 모두 곰팡이류로 다르게 된다. 그러므로 곰팡이류의 종류는 아무리 적게 보아도 3만 종 이상이다.

5. 효모의 종류

효모는 통성 혐기성 미생물로서 곰팡이와 같은 진균류에 속하는 진핵세포로 된 고등미생물이지만, 대개의 곰팡이와 다르게 균사를 만들지 않고 단세포로 되어 있고 주로 출아법에 의해서 증식한다.

효모의 세포 크기는 5~10mm 정도이며, 그 형태로는 구형(round), 난형(oval), 타원형(ellipsoidal), 원통형(cylindrical, 소시지형), 레몬형(lemon shaped), 3각형(triangular) 등이 있다.

알코올 발효능이 강한 종류가 많아서 균체는 주로 주류의 양조, 알코올 제조, 제빵 등에 활용되고 있고, 식용 및 효모는 세포의 크기가 곰팡이보다 작아서 곰팡이보다 대사활성이 높고 성장속도가 빠른 것이 특징이다.

pH, 온도, 수분활성도가 비교적 낮은 환경에서도 잘 자라는 생리적인 특성을 가지고 있다는 것은 곰팡이와 비슷하나 통성 혐기성균이기 때문에 혐기적인 조건에서도 잘 성장한다는 점이 다르다.

그렇기 때문에 효모는 소금이나 설탕으로 절인 식품의 숙성과 부패의 원인이 된다. 사료용 단백질, 비타민, 핵산 관련 물질 등의 생산에도 중요한 역할을 담당한다.

효모가 식품을 변질시키는 원인이 될 수도 있는데, 효모의 증식에는 당과 수분이 필요하기 때문에 주로 젤리나 벌꿀에서 자주 나타난다. 내삼투압 효모들이 당이 많은 식품인 잼에 서서히 증식해 거품을 발생시키고 알코올 냄새를 띠게 한다.

그러나 세균처럼 식중독을 유발하거나 곰팡이와 같은 인체에 유해한 독을 생성하지는 않는다. 피부질환의 원인이 되는 종류도 있으나 식중독 유발 등

식품위생상의 위해성은 적은 편이다.

식품의 부패

· · ·

식품생산 취급에 있어서 세균으로 인해서 균 수가 증가하게 되면 식품 성분이 세균 효소에 의해 분해되어 각종 대사산물이 생성되어 부패가 일어나게 된다. 이때 유기물을 분해하여 유독한 물질과 악취를 발생시키는 미생물을 부패미생물이라고 한다.

부패세균의 생육조건은 수분 함량이 높고 ph가 중성인 단백질 식품에서 잘 자란다. 식품의 부패에 관여하는 세균은 어느 하나로 한정되기보다는 여러 가지 세균들이 시기를 달리해서 부패를 일으키는데, 단백질 분해력이 가장 강한 세균이 중심이 되어 작용한다.

1. 채소류와 과일류

과일의 표면에는 곰팡이를 비롯한 여러 가지 미생물에 의해 오염되어 있고 과일 표면에 상처가 생기면 그 부위로 안 좋은 미생물이 침투하여 증식함으로써 부패가 일어난다.

과일은 비교적 ph가 낮아서 내산성 세균을 제외한 대부분의 세균의 생육이 억제되므로 주로 내산성이 높은 효모와 곰팡이에 의한 부패가 일어난다.

2. 육류

육류 제품은 보관을 잘못하게 되면 단백질 분해력이 높은 세균에 의한 부패가 많이 일어난다. 식육은 수분활성이 높기 때문에 주로 음성균에 의한 부패가 일어나고 세균도 식육의 부패를 일으킨다.

3. 어패류

어패류는 표피와 아가미에 부착되었던 세균이나 장내 세균이 증식하며 부패의 원인이 된다. 어획 직후 표면에 있던 수백 마리 세균이 여러 단계를 거치면서 수백만 마리까지 증식할 수 있다.

4. 난류

산란한 직후의 알은 거의 무균 상태이지만, 난분이나 계사의 흙, 취급자의 손, 포장재료 등으로부터 세균과 곰팡이에 의해 껍질이 오염되고 오염된 균이 습한 껍질을 통해 증식하게 되어 부패하게 된다.

5. 식품첨가물

식품위생업에서는 "식품의 제조과정 또는 식물의 가공 혹은 보존을 목적으로 식물에 첨가, 혼합, 침윤 기타의 방법으로 사용하는 물질"로 정의되어 있다. 규제 측면에서는 화학적 합성품과 천연 첨가물로 대별된다. 화학적 합성품은 현재 347 품목이 지정되어 있으나 그 사용 목적에 따라 보존료, 착색료, 감미료, 산화 방지제, 풀료 등으로 분류된다.

특히 수제 간식생산에는 적합하지 않아 사용하지 않으나, 수입식품 또는 원료에 사용이 될 수 있으므로 알아두어야 한다.

자세한 내용은 국가 법령정보센터 [식품의약품안전처 고시 제2021-94호] 식품첨가물의 기준 및 규격에 자세히 나와 있다.

펫푸드 창업
길라잡이

2 성공적인 펫푸드 창업의 노하우 계산하기

성공을 하기 위해서는 시작이 중요하다.
첫 시작을 잘해야 성공창업의 지름길이 된다.

창업을 준비하면서 첫 번째 궁금증은 바로 '얼마만큼 자금이 필요하고, 얼마나 이익이 남는가'라는 궁금증이 발생한다. 물론 창업 아이템과 업종 규모에 따른 입지투자금액 및 시설비용 등에 따라 투자비용은 크게 달라진다. 이에 따라 수익성도 달라지는 것이 당연한 결과이다.

창업자는 언제나 성공을 꿈꾸지만, 창업 이전에 점검하고 풀어야 할 준비가 있으니, 이것이 바로 적정한 투자금액을 파악하는 것과 적정 수익을 알아보는 것이다. 투자금액과 수익성 분석, 그리고 창업 관련 교육기관과 교육내용 등 비롯한 미리 준비해야 될 창업 지식에 대해서도 알고 있어야 한다.

교육은 어디서 어떻게
받아야 하나?

창업의 준비 과정과 영업개시 후 필요한 상황을 창업 이전에 교육을 통해서 미리 숙지해야만 차후 위험요인을 최소화할 수 있다. 다만 단미사료업의 경우 국비지원 학원이 없기 때문에, 민간교육기관으로 이수하는 것이 바람직하다.

펫푸드 관련 교육기관 정보

펫푸드 관련 학원은 인터넷만 검색해봐도 많이 나오는 것을 알 수 있다. 다만 자격증이 민간교육기관 정식 등록되었는지, 안 되어 있는지는 민간자격정보서비스(www.pqi.or.kr)에서 검색이 가능하다.

펫 동반 카페 창업(바리스타) 교육기관 정보

• • •

바리스타 과정은 정부 국비지원 교육으로 많이 지원해주고 있다. 취업 준비 또는 창업 준비 중이라면, 고용노동부에서 신청 가능한 내일배움카드를 통해 교육을 받을 수 있다.

신청방법은 www.hrd.go.kr 홈페이지에서 가능하다.

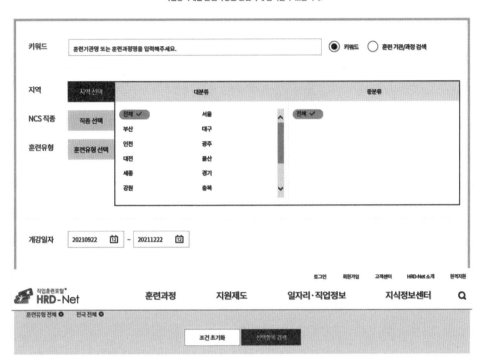

　창업의 성공 여부는 준비 과정에서 결정된다. 창업 이후에 발생할 수 있는 위험요소를 사전에 파악하며, 발생한 문제 대안을 마련하고, 차후 경쟁력 강화를 위해서 철저한 준비를 해야 된다. 업종의 선정에서부터 입지 선정, 메뉴 개발, 고객 관리 등 운영 전반에 따른 각종 매뉴얼 및 행정 절차까지 영업에 필요한 모든 사항을 미리 준비해야만 성공적인 창업을 할 수 있다. 또한 자격증 취득은 창업을 위해 준비하는 과정이다. 그래서 등록 전 학원을 직접 방문하여, 상세하게 설명을 듣고 준비하는 것이 중요하다.

수익성 분석 및
원가 관리

원재료 원가 대비 마진율을 잘 계산해야 안정된 수익을 발생시킬 수 있다. 그만큼 메뉴 개발과 재료 납품업체를 선정 잘해야 한다.

수익성 분석의 개념과 원가 관리

• • •

수익성 분석은 사업타당성을 검토하는 척도라고 볼 수 있다. 이러한 수익성 분석을 위해선 우선 원가를 추정해야만 한다. 원가란 특정 목적을 달성하기 위해 소비된 요소(재료비, 노무비, 경비)의 가치를 화폐단위로 측정한 것이다. 즉 특정 재화나 용역을 얻기 위하여 소비된 경제적 효익을 화폐단위로 측정한 것을 의미한다.

특히 원가를 구성하기 위해 구성된 자원 또한 경영에 있어서 일정한 고정 매출로 재화 또는 용역의 소비를 계산하여 표시한 것이다. 즉 경영 목적과 관련하여 정상적으로 발생한 것을 의미한다. 원가를 구성하는 요소는 재료비, 노무비, 경비를 포함하여 원가 3요소라고 한다.

재료비는 원재료를 비롯하여 포장용기 및 소모품을 포함한 부재료를 의미한다. 즉 재료비는 물품의 소비에 따라 발생한다.

노무비는 노동용역에 따라 발생하는 임금, 급료, 상여금 등을 의미한다.

경비는 일반 관리를 위한 경상비용으로 전기료, 상하수도사용료, 감가상각 비용 등을 포함하며, 재료비와 노무비를 제외한 기타 비용이 해당된다.

표준 레시피

· · ·

어떤 제품을 어떤 가격에 얼마나 판매할 것인지 결정하는 것은 메뉴이고 제조실에서 생산하는 아이템의 품질과 양을 조정하는 것이 표준 레시피이다. 쉽게 설명하자면 표준 레시피는 메뉴 아이템을 준비하고 만들어져 고객에게 전달되는 과정을 포함한다. 표준 레시피는 제품을 구매하는 고객이 원하는 일정한 품질의 제품을 구매할 수 있도록 도와주는 데이터라 할 수 있다.

이 표준 레시피의 중요한 이유는 만드는 방법과 시간 그리고 배합을 여러 번 테스트하여 나온 결과물로써 항상 일정하게 제품생산을 유지하는 것이다. 그러므로 표준 레시피는 제품 아이템의 일관성 즉 경영의 성공에 도움을 주는 열쇠이다. 고객은 항상 제품구매에 대하여 기대하는 것은 당연하다. 일관성이 없는 제품생산은 서비스 경영의 적이다. 표준 레시피는 판매 시 영업에 적당해야 한다. 그렇지 않다면 그것은 쓰이지 않을 것이기 때문이다. 일반적으로 표준 레시피는 다음의 정보를 가지고 있다.

1. 제품의 이름
2. 제품생산량
3. 만드는 데 필요한 원재료의 종류
4. 준비 과정
5. 생산 과정
6. 제품원가
7. 제품을 판매하는 방법(온/오프)

제품의 이름	제품생산량 (1회)	원재료 종류	준비 과정	생산 과정
닭 호박말이	10kg	닭(가슴살), 단호박	1. 닭가슴살 손질 - 식초물을 이용 - 2회 이상 세척 2. 단호박 손질 3. 재료 배합	1. 손질된 원물을 배합한다. 2. 배합한 재료를 건조기를 (75℃) 이용하여 약 12시간 건조한다.
제품원가		닭(가슴살) 1kg 4,500원 x 8kg = 36,000원 단호박 1개(400g) 2,300원 x 2kg = 4,600원		
판매방법		온라인은 자사몰 또는 네이버 스토어를 통한 판매. 오프라인은 매장 판매 또는 근처 프리마켓 참여를 통한 판매		

제품의 이름	제품생산량 (1회)	원재료 종류	준비 과정	생산 과정
고구마 황태말이	22kg	고구마, 황태	1. 고구마 손질 2. 황태 염분 빼기 3. 재료 절단 4. 재료 배합	1. 손질된 원물을 배합한다. 2. 배합한 재료를 건조기를 (75℃) 이용하여 약 12시간 건조한다.
제품원가		고구마(밤고구마) 20kg 25,000원 황태 1kg 8,000원 x 2kg = 16,000원		
판매방법		온라인은 자사몰 또는 네이버 스토어를 통한 판매. 오프라인은 매장 판매 또는 근처 프리마켓 참여를 통한 판매		

제품의 이름	제품생산량	원재료 종류	준비 과정	생산 과정
제품원가				
판매방법				

▲ 〈표준 레시피 표〉 작성법

제품을 생산하기 위한 원재료의 양과 생산된 제품의 품질 관리를 잘하면 고객이 원하는 품질을 일정하게 판매 제공을 할 수 있다. 그러므로 제품원가와 표준 레시피를 운영하는 시스템에 도입해야 되는 이유는 다음과 같다.

표준 레시피를 사용하여 필요한 재료를 구매한다.

제품의 정확한 종류와 양을 사용하여 생산한다.

매장에서 제품을 판매하는 판매/관리 직원들은 고객이 물어볼 때 제품에 들어가는 재료를 알고 있어야 한다.

표준 레시피의 데이터 없이 정확한 원가나 제품가격을 측정하기 힘들다.

표준 레시피를 통하여 제품과 판매 매출액을 확인할 수 있다.

표준 레시피를 준비하면, 새로운 직원을 교육하기가 쉽다.

표준 레시피가 준비되어 있으면, 서비스 경영 계산에 도움을 준다.

실제 표준 레시피는 정해진 원가로 일관성 있는 제품을 만드는 데, 아주 중요하다. 레시피가 없으면 원가 조정의 노력은 판매가격을 올리거나, 제품량을 줄이거나, 품질이 낮은 원재료를 사용하는 방법밖에 없게 된다. 하지만 이것은 효율적인 원가 관리가 아니다. 관리를 아주 안 하는 거라고 볼 수 있다. 그러므로 표준화된 경영이 어려워진다.

손익계산서

. . .

손익계산서는 일정 기간 기업의 경영성과를 나타내는 재무보고서라고 볼 수 있으며, 기업의 손실과 이익을 쉽게 알아볼 수 있도록 계산해놓은 표를 의미한다. 손익계산서의 구조는 수익과 비용, 순수익이 손익계산서의 기본 요소이다. 수익은 매장을 운영하는 일정 기간 동안 소비자에게 재화나 용역을 판매하여 얻어진 총매출액을 말하며, 비용은 매장 운영에 있어서 일정 기간 동안 수익을 발생시키기 위하여 지출한 비용이다. 순이익 또는 순손실은 일정 기간 동안 발생한 총수익에서 총비용을 차감한 것이다.

다음은 순이익과 총수익 계산방법이다.

총수익 - 총비용 = 순이익(순손실)

총비용 + 순이익 = 총수익

손익계산서에 들어가는 비용은 다음과 같다.

1. 매출원가

2. 판매비와 관리비용

3. 영업 외 비용

4. 특별 손실

5. 각종 세금

손익계산서에 들어가는 수익은 다음과 같다.

1. 매출액

2. 영업 외 수익

3. 특별 이익

이를 토대로 손익계산서를 작성하게 되는데, 매출총액에서 매출원가를 제외하면 매출 총이익이 나오며, 매출원가는 제품을 생산하는 데 들어간 원재료비, 인건비, 그 외 부대비용 등이 포함되며, 판매비 및 일반 관리비는 직접적인 생산 과정에서는 들어가지 않은 비용을 말한다. 매출 총이익에서 판매비와 관리비를 제외하면 영업이익이다. 당기순이익은 영업외수익을 더하고 영업의 비용을 제외한다.

원가의 분류

· · ·

원가의 분류는 크게 형태적 분류와 계산시점에 따른 분류로 나눌 수 있다.
형태적 분류는 다음과 같이 분류가 된다.

1. 재료비

– 직접재료비: 원재료를 말한다.

– 간접재료비: 소모성(소모품)재료를 말한다.

2. 노무비

– 직접노무비: 생산현장에서 근무하는 근로자에게 발생하는 노무비

– 간접노무비: 생산현장 외에서 근무하는 사무직, 관리직 등 근무하는 노
동자의 노무비

3. 경비

– 직접경비: 특허권사용료, 외주 가공비, 설계 및 감리비용 등

– 간접경비: 그 외 제반 경비비용 등

계산시점에 따른 분류는 경영계획이나 관리적 측면에서 원가를 분류할 때
사용되는 원가계산법이다.

1. 역사적 원가

–실제 발생원가: 교환, 매매 시에 성립된 교환가격

–취득원가: 매입가격 + 부대비용

–재무회계에서는 역사적 원가에 의해 원가를 산정한다.

2. 예정원가

– 추정원가: 미래의 원가를 추정하는 원가

– 단위원가(표준원가): 원가를 기준에 맞추기 위해 정해두는 기준원가

3. 평균 정도에 따른 분류

– 총원가: 제조원가 + 판매비 및 일반관리비

– 단위원가: 단위당 변동비 + 단위당 고정비 = (총변동비/조업도) + (총고정비/조업도)

– 조업도: 현재 기업이 가지고 있는 생산 설비의 이용 정도

4. 추적 가능성의 정도에 따른 분류

– 직접비: 공정별, 작업별, 사업별로 부과되는 중요한 원가

– 간접비: 인위적 기준에 의해 부과하는 직접비보다 중요하지 않은 원가

5. 조업도의 변동에 따른 원가양상

– 변동비: 조업도에 따라 비례적으로 움직이는 비용으로, 생산량과 성과가 비례한다.

– 고정비: 가지고 있는 조업도가 동일하면, 항상 고정되어 있는 비용

– 준변동비: 기본료가 있고, 조업도에 따라 기본료 이후 발생하는 비용

– 준고정비: 야근, 야간작업수당 등에 발생할 때만 고정된 비용이 발생하는 비용

6. 경영직능에 따른 분류

– 제조비용: 재료비, 노무비, 제조간접비

– 판매비와 관리비 등 영업 및 판매에 필요한 원가

7. 수익 발생에 따른 분류

– 제품원가: 제품을 생산하거나 제조할 때 재고자산에 집계 분류되는 원가

– 기간원가: 제품의 생산과 관계없이 소멸하는 모든 원가로 판매비와 일반관리비, 영업비용, 영업외비용, 법인세 등

8. 원가계산 대상에 따른 분류

주요재료비: 제품 구성 기본이 되는 재료

- 가공비: 간접적으로 사용되는 간접재료비, 직접노무비, 간접노무비,
  직접제조경비, 간접제조경비 등 인건비

창업이란?

· · · ·

창업이란 창업자가 창업 아이템의 성공 기회를 포착하고 이를 토대로 이익을 창출하기 위해 자본과 경영을 통해서 고객이 원하는 상품이나 서비스를 제공하는 기업을 설립하는 것을 말한다. 즉 창업이 성립되기 위해서는 창업의 3대 구성요소라고 부르는 창업자(인적 요소), 사업 아이템, 창업 자본이 있어야 창업이 가능하다. 이 중 어느 하나라도 부족하면 아무리 훌륭한 사업계획이라도 시작하기에 성공이 희박할 수 있다.

펫푸드 관련 창업 준비는 미래를 보고 사업에 투자를 하는 것이다. 다양한 방법을 통하여 창업 자금을 모아 가장 큰 이익을 창출할 수 있는 곳에 투자하는 것이기 때문에 사전 준비가 매우 중요하다.

펫푸드 창업 절차는 크게 창업 계획, 창업 준비, 사업 아이템 설정, 사업계획 수립, 입지 선정, 창업 자금 확보, 영업 준비, 개업 등의 8단계로 정리할 수 있다.

펫푸드 창업은 다양한 영업방식에 따른 다양한 업종이 있으며, 처음 창업하려는 사람과 반려동물을 키우는 창업자의 창업 아이템으로 쉽게 접근할 수 있는 업종으로 구분할 수 있다.

이제는 쉽게 볼 수 있는 동네의 작은 펫 수제 간식점 그리고 다양한 제품을 판매하고 있는 펫 용품숍 등 많이 접했을 것이다.

매장을 보면 다양한 제품이 진열되어 있는데, 보면 하는 일도 그리 많거나 어렵지 않을 것 같고, 깨끗하고 쉽게 일할 수 있을 거 같고, 고객의 수요가 많으니 수익도 괜찮을 것 같아 쉽고 할만한 아이템이라고 생각하겠지만 이는 겉으로 보이는 아름다운 모습만 보기 때문으로 실제로는 긴 근무시간과 많은 노동력이 필요하고, 식품위생법 + 사료법을 배워야 하기 때문에 경영에 많은 스트레스를 받는다.

일반인들이 흔히 '반려동물 수제 간식집'이라고 하는 매장은 아직은 그리 많지 않지만, 구석구석 살펴보면 웬만한 상권, 동네에는 없는 데가 없다.

인허가가 생각보다 까다로운 이유도 있고, 경영자가 1인으로 힘들게 운영하다 보니 요즘 창업 시장에서도 새롭게 창업하는 것보다 기존에 하던 것을 인수하는 경우가 더 많다.

또한 기존 카페에서 반려동물 동반 카페 또는 수제 간식을 같이 만드는 복합 매장이 많이 생겨나고 있다. 그래서 반려견 견주들의 약속장소, 휴식의 장소 및 대화의 장소로서 고객들이 많이 찾고 있다.

최근 들어 취업이 어렵고, 반려견들을 위해 생활하는 사람들이 소자본으로 적은 규모의 매장을 많이 창업하고 있으며, 또한 창업 자금이 부족하고 경험과 기술이 없는 일반 창업자들이 손쉽게 접근할 수 있는 점을 고려해서 창업을 해야 한다.

창업을 준비하면서 작은 관심을 가지고 고객층을 분석해보면 구매하는 주고객이 누구인지는 쉽게 알 수 있다. 대부분 반려견을 가족으로 생각하는 사람들이거나, 동네에서 산책하면서 쉽게 들르는 사람들이 많다. 이들은 동네에서 잠시 산책하면서 들르거나 반려견과 쉴 수 있는 공간을 원한다.

이들에게 저렴한 가격에 음료와 그리고 함께 방문한 반려동물을 위한 제품과 편안한 대화의 공간을 어떻게 제공할지 많은 고민이 필요하다.

펫푸드 관련 창업 시 유의할 점은 현재 영업하는 매장을 인수하고자 할 경우 수익성과 경쟁력 그리고 확보된 단골손님을 반드시 체크해봐야 한다.

최근 펫푸드 창업은 기존 운영하는 매장을 인수하는 경우가 많다. 신규로 입점할만한 자리는 많이 있지만, 여전히 행정적으로 복잡한 경우가 많아 새롭게 경쟁에 뛰어드는 것보다 기존의 경쟁력을 장점으로 시장에 진입하고 싶은 마음과 안정적으로 접근하고 싶은 욕구가 많기 때문이다.

그러나 부동산 등을 통해 매물로 나와 있는 펫푸드 매장의 권리금이 생각보다 높기 때문에 당연히 입지가 좋고, 단골손님이 많아 일 매출 얼마 이상을 보장한다는 식으로 많은 초보창업자를 현혹하고 있다. 하지만 그들은 책임지지 않는다.

즉 창업자 스스로 투자한 금액에 대해 적정한 수익을 낼 수 있을 것인지를 판단해야 한다. 총 투자한 금액 대비 월 3% 이상의 수익이 가능할 것인지, 지불할 권리금은 최소한 계약기간 동안에 벌어들일 수 있을 것인지, 또 점포를 내놓고자 할 때 적정권리금을 받아 나올 수 있을 것인지를 판단할 수 있어야 한다.

또한 주변에 있을 수 있는 경쟁업소와의 경쟁력에서 시장 점유율은 어느 정도일지, 현재의 상황보다 충분히 경쟁력을 갖춰 우위에 설 자신이 있는지도 판단해야 한다. 경쟁을 피할 수 없으면 경쟁을 즐기라는 말이 있다. 이는 지속적인 아이디어와 고객의 니즈 파악을 통해 고객들의 욕구를 끊임없이 만족시키려 노력하는 매장만이 가능하다.

경쟁력 부분 중에 입지, 규모, 다양한 상품, 가격, 접근성 등은 생각할 수 있다. 고객카드 및 쿠폰 등을 통한 고객 관리도 기본이다.

창업 준비단계

창업 계획
- 펫 관련 매장 정보 수집
- 시장 조사

창업 준비
- 창업 자금 준비
- 창업 시 환경적 요인 분석
- 창업 경영 방식 설정

업종 유형선택
- 단미사료업
- 단미사료업 + 타업종

사업계획 수립
- 사업계획서 작성
- 사업계획서 정리

입지선정
- 상권분석
- 시설견적

창업 자금
- 자금 조달계획
- 자금 집행계획

개업 준비
- 종사원 채용 준비
- 직원 교육
- 행정서류 및 오픈 준비

오픈
- 가오픈을 통한 오픈 계획
- 마케팅 계획

창업 계획 체크!!

. . . .

많은 준비를 해도 어려운 게 창업이다. 그런데 준비되지 않은 창업은 어떠한 경우라도 성공할 수 없으며, 철저하게 준비되었다고 생각하는 창업이라 할지라도 생각대로 사업이 진행되지 않는다면 그에 대한 대비책도 마련해야 된다. 이젠 시작하는 창업에 많은 열정과 의욕은 투입하되 모든 가능성을 열어두고 생각해야 된다.

이제 창업에 관심이 있어 계획했다면 그 과정에서 꼼꼼히 체크하고 준비해야 할 사항들이 많이 있다. 이를 체크하고 준비하는 것도 좋다.

1. 창업 전 가장 안전하게 준비하는 방법은 회사를 다니면서 자신만의 사업 아이템을 천천히 구성하고 분석하고 계획하는 것이다.

2. 창업 계획 시 자신이 주력 아이템이나 또는 상품의 서비스 시장 동향, 주력 구매 대상 고객, 인력 등을 모두 꼼꼼하게 계획하고 준비한다.

3. 창업 준비 시 행동으로 옮기기 전 창업 계획을 체계적으로 정리하여 문서화시키며, 작성하면서 예측되는 문제를 미리 체크하는 것도 창업 성공을 위한 지름길이다.

4. 창업 시 필요한 자금과 본인의 운영할 수 있는 자금 상황을 확인해야 한다. 자신의 자금 상황을 확인한 뒤, 투자자 또는 정부지원금 등을 받아 창업 운영 준비한다.

5.창업을 시작하려면, 관련된 법적 문제 인허가 등 법령에 관련된 사항을 꼼꼼하게 체크하며, 어떠한 형태의 사업장을 운영할 것인지 계획해야 한다.

6. 창업 준비에 있어서, 발생하는 비용을 최대한 줄인다는 생각으로 창업을 계획하는 것이 좋다. 현재 비용을 들이지 않고도 활용할 수 있는 자신의 자원은 무엇인지를 꼼꼼히 체크한다. 또한 창업을 먼저 해서 이미 사업을 운

영하는 사람들에게 물어 회계사나 마케팅 전문가 경영 컨설팅 전문가 등을 소개받아 운영에 도움을 받을 수 있다.

7. 자신의 사업을 운영하는 것은 설레는 일이지만 생각보다 많이 힘들 수 있다. 수익이 나지 않아도 혼자 매우 긴 시간 동안 일해야 할 수도 있고, 안정적인 수익이 발생 전까지는 고생길을 걸어야 할 수도 있다.

8. 창업을 상상만으로 구상하지 말고, 어느 정도 다양한 정보를 토대로 준비하며 창업을 계획하자.

창업 준비

· · · ·

펫푸드 매장 창업주는 사업주체로서 모든 창업 과정에서 핵심적인 역할을 한다. 그는 사업 시작과 운영에 대한 위험요소를 책임지고, 그에 상응하는 보상을 받으며, 가치 있는 사업을 시작하는 사람이다.

창업을 결심했다면 먼저 해야 할 일은 경영방식을 정리하는 것이다. 펫푸드 매장을 무엇 때문에 하는지 그리고 왜 이 사업을 시작하려고 하는지, 그리고 앞으로 계획은 어떻게 진행하지를 검토함으로써 보다 안전하고 의미 있는 시작을 할 수 있다.

그다음으로 창업 환경에 대한 이해도가 필요하다. 이를 알기 위해서는 외부적으로 어떤 기회요소와 위협요소가 있는지를 살펴보며 창업자 자신의 장점과 약점을 파악하는 내부 환경요인을 분석해보는 것도 도움이 된다.

1. 외부 환경요인
펫푸드 매장 준비 시 가장 큰 문제는 정치, 경제, 사회, 문화 등 외부 환경

요인들이 사업 운영 시 외부에서 많이 발생하는데, 이것은 경영자가 쉽게 예측하고 적절히 해결할 수 있는 것이 아니다.

1) 정치적 요인

– 정책 변경 및 규제(식품위생법, 펫 관련 신규 법규, 일회용품 사용 금지, 환경부담금 등)

– 과세정책

– 과잉 투자 방지 및 임대차법 변경

2) 경제적 요인

– 과다한 물가상승(식재료비, 인건비, 임대료)

– 내부환경(바이러스/코로나)으로 인한 국내외 경기상황 악화

3) 사회적 요인

– 다양한 고객층의 다양한 요구 조건

– 반려인들 증가

4) 문화적 요인

– 빠르게 변화되는 국내 반려인 시장

– 반려인 소비자의 변화된 인식

2. 내부 환경요인

내부 환경요인은 운영하는 매장과 생산하는 제조실에서 일어나는 것이 대부분으로 경영에 직접적으로 미치는 영향이며, 운영에 있어서 매우 중요하다.

1) 인적 자원 관리

– 직원 모집 및 고용, 직원 관리

– 직원 퇴사 및 이직

2) 판매제품 관리

– 식재료 및 원물 관리 및 제품판매 관리

– 상품 재고 관리 및 로스 처리 문제

3) 작업환경 및 시설 장비 관리

– 제품생산의 효율성과 판매 효율성

– 생산에 필요한 설비 및 도구

– 생산을 빠르고 안전하게 하기 위한 동선

이와 같이 창업을 준비하는 과정에서 창업의 3대 요소인 창업자, 사업 아이템, 창업 자본은 매우 중요한 요소이다.

창업자는 창업에 필요한 다양한 아이디어를 확보하고 창업 아이템의 사업성 분석 및 창업 계획 수립을 하며, 수립한 내용을 토대로 창업 계획 실행을 진행한다.

창업의 준비단계에서는 창업에 필요한 전문지식을 습득하며, 사업 전망 및 분석을 내부 및 외부 정보를 통해 철저히 분석하며, 상권 분석 및 경쟁업체 분석을 철저히 진행한다. 또한 시장 구매 수요 분석 및 영업에 필요한 법적인 절차 확인, 생산 아이템 설정, 투자금액 예상 후 추정 손익계산서를 작성해야 한다.

창업자는 창업에 필요한 인적 자원과 물리적 자원을 준비하며, 자본은 창업하고 경영하는 데 있어서 자산을 형성하는 데 기본적으로 필요하다.

사업장을 운영하기 위한 설비구매, 원재료를 구입, 제품을 생산하는 기술자 인건비 등의 경영자원을 조달하고 기술개발, 제품개발, 판매하기까지 창업의 가장 어려운 요인이 자금 확보에 있다.

또한 펫푸드 매장 창업에 적정한 제품유형과 판매제품을 설정하며, 최소 6개월 전부터는 창업 매장 위치를 선정하고 '소상공인 상권 분석 시스템'을 통하여 창업 매장 지역에 대한 상권입지조사, 경쟁 점포조사, 주변 가격조사, 상권평가 등을 조사하며, 임대조건, 임대기간, 임대료, 임대조건 등을 확인 후에 계약한다. 그다음 인테리어와 시설 및 설비 구축하며 운영계획을 세워 진행한다.

창업 준비가 끝나면 인테리어 공사 일정을 조율하여 그 일정에 맞추어 생산 설비 및 매장 기기설치, 직원 채용과 교육, 원재료 입고, 소모품 입고, 오픈행사 등의 일정을 계획하고 최종적으로 오픈 일을 결정한다.

사업계획서
작성방법

어떠한 창업 준비함에 따라 운영방식에 대한 설명을 투자자 또는 정부관계자에게 이해하기 쉽게 이야기할 수 있어야 한다.

하지만 창업에 대해 알고 있다고 가정하면, 전체적인 운영방식보다는 날마다 이뤄지는 업무에 더 초점을 맞춰야 한다. 전체적인 진행방법을 잘 알고 있더라도 세부적인 내용은 알지 못하는 경우가 많기 때문이다.

운영방식에 대한 설명이 중요한 이유로는 크게 2가지로 설명할 수 있다.

1. 매일 사업을 운영하는 방식은 당신의 시작하는 사업에 경쟁에서 우위가 될 수 있다. 하지만 운영에 대한 설명이 없다면, 사업 설명을 듣는 투자자 또는 정부관계자들은 당신의 사업이 왜 특별한지, 뭐가 좋은지 알 수가 없다.

2. 사업을 듣는 상대가 창업자인 본인이 준비 중인 사업에 대해 잘 모르고 있으면, 사업계획서를 제대로 평가할 수 없다. 그러므로 다음과 같은 내용을

사업계획서 작성에 추가하도록 하자.

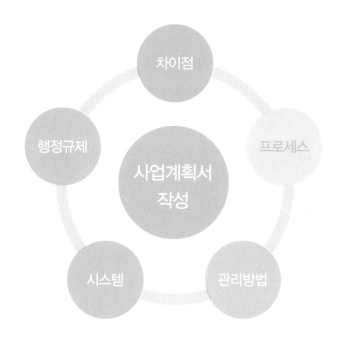

당신이 남들과 다르고, 남들보다 더 낫다는 것을 보여주는 게 중요하다. 그러기 위해선 먼저 당신이 달성하고자 하는 차이점을 설명하라.

사업계획서를 작성을 하면서 해당 사업에 대한 성공 여부, 위험요소, 시장 조건 등을 객관적으로 이해하고 살펴볼 수 있다. 이를 통해 자신이 하고자 하는 사업을 완벽하게 이해하며, 그에 따른 준비 계획을 세울 수 있다.

창업은 보이지 않는 미지의 길을 나아가는 것과 같다. 목적지를 정하고 나아가기 위해서는 계획이 필요하듯이, 창업을 준비하기 위해선 사업계획서가 반드시 필요하다.

훌륭한 안내사가 자신의 나아가야 할 길을 오롯이 판단하고, 앞으로 닥칠 외부 위험요소를 두루 살펴 가장 이상적인 항해 코스를 미리 준비하듯이, 창업자 역시 창업 이전에 자신의 창업과 시장환경을 고려한 가장 합리적이고 이상적인 사업계획을 수립해야 된다.

사업계획서는 창업자 자신의 사업에 대한 창업 과정을 사전에 검토하고 진단함으로써 앞으로 성장 가능성을 예측하는 시간이다. 또한 사업 구상을 기록하면서 동시에 정리함으로써 최초에 의도했던 계획을 보완 수정하여, 목표에 도달할 수 있는 실현 가능한 사업계획을 수립하게 된다.

이를 통해 창업에 필요한 필요요소를 확인하고, 부족하고 미흡한 부분을 확인하며, 보완하는 시간을 가짐으로써, 창업 성공률을 높일 수 있다.

사업계획서 작성 유의사항

· · · ·

사업계획서는 사업 목적에 따라 내용과 형식이 달라질 수 있다. 다만 처음 작성하는 창업용이라면 까다로운 형식에 구애받지 않고, 창업자가 사업에 필요하다고 생각하는 항목을 정리하면서 작성하면 된다. 차후 보편적인 사업계획서 형태에 맞게 수정 보완작업을 통해 계획서를 작성하면 된다.

〉〉 사업계획서 작성요령

사업 아이템 선정	예비 사업성 분석	사업계획서 작성
1. 예정 사업 아이템 선정 2. 기존 유사 사업 아이템 비교 3. 후보 사업 아이템 비교 분석	1. 사업 타당성 분석 2. 기술성, 시장성. 수익성, 위험요소 분석	1. 분석을 통한 아이템 선정

1. 사업계획서는 준비단계이다.

사업계획서는 한번 작성하면 끝나는 것이 아니다. 완벽하게 작성했다고 생각하는 사업계획서도 상황에 따라서 새로운 문제점과 보완해야 되는 요소가 발견되며, 이를 확인하고 수정 보완해야 한다. 문제점은 언제 어디서 발생할 줄 모르니, 항상 수정을 해야 된다는 생각을 해야 된다.

2. 사업계획서는 객관적으로 작성해야 된다.

사업계획서 작성단계에서 가장 많이 실수하는 것 중 하나는 자신의 의지와 자신감에 몰입하여 추상적으로 작성한다는 것이다. 이렇게 작성한 사업계획서는 휴짓조각에 불과하다. 사업계획서는 정확한 자료에 근거하여 객관적으로 작성해야 한다. 제품의 가격, 이윤, 판매량, 매출 등을 예측할 때 구체적인 숫자와 관련된 객관적인 자료를 통해 작성해야 한다.

3. 사업계획서는 설득력이 있어야 한다.

사업계획서를 작성하면서 사업에 대한 다른 사업과 차별화 전략, 핵심내용을 중점적으로 부각시킬 수 있도록 누구나 알기 쉬운 용어를 사용하여, 사업계획서를 보는 다른 사람이 이해하기 쉽고 설득하기 쉽게 작성해야 된다. 모두가 이해해야 좋은 사업계획서이기 때문이다.

4. 사업계획서에서 자금 조달계획서는 가능성이 있어야 한다.

누구나 계획은 그럴듯하지만, 조달계획서는 가정을 전제로 작성해서는 안된다. 또한 초기 투자비용 외에 초기 운전자금이나 운영비를 너무 적게 측정하면, 사업을 진행하면서 많은 어려움이 생길 수 있다.

사업계획서 구성요소

. . . .

앞서 말하듯이 사업계획서란 계획하고 있는 사업과 관련하여 생산, 판매, 제무, 위험요소 등을 계획하고 정리하여 정리한 보고서이다. 다만 사업계획서의 용도에 따라서 구성요소가 달라질 수 있다.

기업의 내부 보고형식으로 작성되는 사업계획서는 해당 기업의 목적이나 진행방향 등이 포함되며 일반적으로 구체적인 실행계획이 포함된다.

기업이 자금조달을 위해 작성하는 경우는 자금의 종류에 따라서 강조하는 항목이 달라지게 되는데, 만일 자금을 은행에서 융자 신청하는 경우, 현금 흐름 분석을 통해 원리금 지급능력을 입증하는 것이 유리하며, 자본금 증자를 위한 투자 자금을 조달하고자 하는 경우 투자 수익률이나 내부 수익률을 강조하여 타 사업계획서에 비해 상대적으로 우수한 투자조건이라는 것을 강조하는 것이 유리하다.

아래는 사업계획서 구성요소 항목을 정리한 내용이다.

기업 현황

- 기업명, 설립일, 소재지, 자본금, 대표자, 연혁, 경영진/기술진 현황, 기업의 목적 및 비전

제품, 서비스

- 특허권, 기존 제품과의 차이점 및 특징, 차별화된 내용

사업계획 개요

- 목표 시장, 기업 환경, 원자재 수급. 법적 요건, 행정 관련, 예상 스케줄, 예상 소재지

마케팅 관련 내용

- STP전략, 경쟁자 분석 및 경쟁우위, 가격경쟁력, 위치선정, 유통전략, 판매촉진계획, 향후 매출계획

생산 관련 내용

- 기술성, 인원충원, 생산능력, 생산계획, 생산공정도, 제품단위 원가, 품질관리

재무 관련 내용

- 소요자금 및 조달계획, 자금수지 예상표, 추정 재무제표, 매출에 따른 수익성

사업계획 수립시 예상(가정) 조건

- 원재료비 상승률, 임금 상승률, 시장 성장률, 물가 상승률 등

창업 자금 지원 노하우

대부분의 창업지원금은 예비창업자 및 1년 이내의 창업 초기기업을 대상으로 지원한다. 여기서 예비창업자와 창업 초기기업가의 정의는 다음과 같으며, 정부지원금을 확보하는 데 있어, 예비창업자와 1년 이내의 창업 초기기업의 조건은 동일하다고 보면 된다. 제조업 또는 지식서비스 업종의 경우는 중소벤처기업 진흥공단(이하: 중진공)의 창업기업지원자금을 신청할 수 있으며, 소매업, 음식점, 숙박업, 기타 서비스업은 소상공인 지원자금을 신청하면 된다.

중소벤처기업진흥공단의 창업기업지원자금

· · ·

1. 사업 목적

– 우수한 기술력과 사업성은 있으나 자금력이 부족한 중소, 벤처기업의 창업을 활성화하고 고용창출을 도모하고자 하는 융자

– 신청대상: 일반창업기업지원자금, 청년전용창업자금으로 구분 지원

– 일반창업기업지원: 중소기업창업 지원법 시행령 제2조 및 제3조의 규정에 의한 사업 개시일로부터 7년 미만(신청, 접수일 기준)인 중소기업 및 창업을 준비 중인 자

– 청년전용창업자금: 대표자가 만 39세 이하로 사업 개시일로부터 3년 미만(신청, 접수일 기준)인 중소기업 및 창업을 준비 중인 자

– 일반 창업기업지원자금, 청년전용창업자금 모두 최종 융자시점에서는 사업자등록이 필요함

2. 융자 자금 종류

1) 시설 자금

– 생산 설비 및 시험검사장비 도입 등에 소요되는 자금

– 정보화 촉진 및 서비스 제공 등에 소요되는 자금

– 공장설치 및 안정성 평가 등에 소요되는 자금

– 유통 및 물류시설 등에 소요되는 자금

– 사업장 건축 자금 및 토지구입비, 임차보증금

– 사업장 확보 자금(매입, 경매, 공매)

2) 운전 자금

– 창업 소요비용, 제품생산 비용 및 기업경영에 소요되는 자금

3. 융자조건 및 기간

    – 대출금리(변동금리): 정책 자금 기준금리(기준)

    – 일반창업기업지원자금의 시설 자금 지원 시 고정금리 선택 가능

    – 청년전용창업자금은 연 2.5% 고정금리 적용

    – 시설 자금: 8년 이내/운전 자금: 5년 이내

예비창업자

• • • •

정부지원사업에 사업계획서를 제출하는 신청일 현재 사업자등록 및 법인 등록을 하지 않은 자로, 정부지원 사업에 선정이 되어 협약기간 종료일 3개월 이내에 사업자등록을 하여 창업이 가능한 자를 말한다.

예를 들어 '예비기술 창업자 육성 사업'이라는 정부지원 사업의 모집공고일이 2021년 12월 30일이면, 이날을 기준으로 6개월 이내에 사업자등록을 폐업한 분들을 제외한 모든 분이 지원자격이 된다.

결론적으로 예비창업자라 할지라도 혹은 과거에 사업자등록을 한 사람이라도 2021년 6월 30일까지 기존의 사업자등록을 폐업했다면 예비창업자에 포함되어 '예비기술 창업자 육성 사업'에 신청할 자격이 주어진다. 예비창업자는 개인 또는 팀으로 참여 신청이 가능하다.

단, 팀으로 신청 시 팀 구성원 전원이 예비창업자여야 하고 팀 구성원 중 1인을 대표로 정하여 대표자 명의로 사업을 신청해야 한다.

정부지원 사업에 선정 후 팀 대표 변경은 불가하며 법인등록 시 팀 대표는 반드시 대표이사로, 팀원들은 사내이사로 법인등기부 등본에 등재가 되어야 한다.

만약 예비창업자가 〈고등교육법〉 제14조에서 정한 교원이라면 선정 후 협약 이전까지 소속기관장 명의의 창업승낙서를 제출해야 한다.

1년 이내의 창업 초기기업

· · ·

예로 '청년창업자지원사업' 사업의 공고가 2020년 3월 1일이었으나 공고문에 특정한 날 2019년 12월 30일 이후 기업을 설립한 자라는 표현이 있으면 공고일 기준보다 1년이 넘더라도 허용이 된다는 뜻이다.

이 기준은 매년 달라질 수 있지만, 대체로 공고일 이전 연도, 즉 공고 연도가 2020년이면 2019년 1월 1일 이후 창업한 기업을 1년 이내의 창업 초기기업이라 한다.

창업 날짜의 기준은 개인사업자의 경우 사업자등록증상의 개업일이고, 법인사업자의 경우는 법인등기부등본상의 법인설립 등기일이다. 다만 개인사업자가 법인사업자로 전환했을 경우에 한하여 최초의 개인기업 개업일을 창업의 기준일로 본다.

예비창업자나 1년 이내의 창업 초기기업이 정부로부터 지원받을 수 있는 자금은 정부가 창업자에게 주는 방식에 따라 크게 '직접지원자금'과 '간접지원자금'으로 나눌 수 있다.

직접지원자금과 간접지원자금의 차이는 정부나 지자체에서 지원하는 창업이나 기술개발에 관련된 자금을 '누구에게 주는 것인가'에 대한 문제이다.

예를 들어 창업 교육을 시키거나 필요한 컨설팅을 받게 해주는 것은 간접지원에 해당이 된다. 이는 정부가 창업지원 관리기관(이하 수행기관)을 통해서 자금의 관리를 맡게 하고, 창업자가 필요한 해당 서비스나 구매품을 구매하거나 이용할 경우 그에 대한 비용을 판매자나 서비스 제공자에게 주는 것을 말한다.

반면 창업자에게 직접 자금을 주고 개별적으로 필요한 서비스나 구매를 하도록 하는 것은 직접지원에 해당된다.

창업자 본인 입장에서야 정부로부터 직접 자금을 받아 사용하는 직접지원 방식이 훨씬 매력적이겠지만, 이 지원방식은 불법적으로 악용될 소지가 많아서 정부가 선호하지 않는다.

그 결과 정부의 창업 자금 지원책은 대부분 수행기관을 통해야 설비 및 마케팅 지원 등 인프라 구축에 도움을 받는 간접지원방식으로 진행되고 있다. 다만 몇 개의 창업지원 사업인 경우 창업자에게 직접적으로 지원을 하므로 예비창업자나 창업 초기기업이라면 자신에게 해당 사항이 있는지 확인할 필요가 있다.

상권 분석방법

   상권 분석은 사업 전체의 성공 여부를 파악하는 것이기 때문에 많은 시간과 노력이 투자되어야 한다.

   특히 업종에 따라서 좋은 입지장소 선정을 결정할 수 있다. 어떠한 업종이냐에 따라 상업지역의 번화가 좋은 경우가 있고, 주거 밀집지역이 좋은 경우가 있다.

   그렇기 때문에 자신이 준비한 업종에 맞는 상권을 미리 방문하여, 수요 조사를 실시하는 것이 좋다.

   신규 상권의 경우 도시계획과 관련하여 신규 지역에 상업지역이 형성되며, 대규모 아파트 단지가 조성되며 상업지역이 형성되는 경우와 전철역, 터미널과 같이 교통 발생원이 새로 개통되면서 유동인구를 수요로 하는 상가들이 신축되면서 상권을 형성하기도 한다.

대규모 아파트 단지가 조성되면 이와 병행하여 대규모 상가가 조성되는데, 대부분 정상적인 영업을 하기까지는 2~3년 정도 시간이 걸린다. 전철역이나 터미널처럼 유동인구를 수요로 하는 신규 상권이라면, 즉시 운영이 가능한 상권이지만, 아파트 등 대규모 주거지역 상권이 형성되는 경우에는 거주민의 입주가 완료된 이후 영업이 활성화된다는 점을 알아둬야 한다.

1. 전철역 주변이나 유동인구가 많은 상권

유동인구 양은 가장 많으나 대부분 대중교통을 이용하는 고객이므로 반려동물의 운영 매장을 이용하는 고객 수는 많지 않을 수도 있으니 이 점이 중요하며, 많은 사람들이 움직이는 출퇴근 시간에 맞는 사업 아이템을 정해야 한다. (예시: 반려견 유치원)

2. 주택가 상권

주택가는 반려인들이 많이 살고 있으며, 산책하는 반려인이 많아 단골고객 및 동네 산책을 하는 반려인들을 상대하므로 그 지역의 인구밀도 및 반려인 인구를 충분히 확인하고, 그 지역의 생활패턴에 맞추어 영업시간 및 운영방침을 정해야 한다.

3. 대학가 상권

고객 대부분이 학생이지만, 기숙사 및 자취하면서 반려동물을 많이 키운다. 다만 학생이 주 고객이기 때문에 가격이 낮아야 하며, 손쉽게 가져갈 수 있는 제품군으로 구성해야 한다. 또한 긴 방학, 축제기간, 토요일, 일요일, 공휴일 등 고려하여 사업 아이템을 선정해야 한다.

4. 오피스텔 상권

직장인들도 요즘 대부분 집에서 반려동물을 키우고 있다. 이에 따라 퇴근하면서 집에 키우는 반려동물을 위한 제품 또는 선물로 줄 수 있는 제품을 많이 선호한다.

5. 건물 1층 상권

많은 사람들의 눈에 띄는 인테리어로 산책하는 반려인들의 호기심과 구경하러 쉽게 들어올 수 있다는 것이 가장 큰 장점이다. 1층의 장점은 단골고객뿐만 아니라 앞을 지나가는 많은 고객이 들어올 수 있지만 단점은 그만큼 매장임대료와 권리금이 높게 형성되어 있다.

6. 건물 2층 이상 상권

1층보다는 쾌적성이 높으므로 편안한 공간을 만들어 반려인 고객이 장시간 활용할 수 있는 펫 카페 또는 펫 놀이터를 만들 수 있으며, 1층과 임대 평수를 비교하면, 임대료가 낮기 때문에 부담감을 줄일 수 있으나 고정고객을 확보하기 위해서는 판매하는 제품 또는 다양한 홍보채널을 통해 소문을 내야 된다.

7. 잘 알고 있는 지역 상권

창업을 처음 하는 초보창업자들은 본인이 거주하고 있거나 가장 잘 아는 지역에서 창업하는 것이 많이 유리하다. 창업자 본인이 그 지역에서 살면서 자연스레 고객층, 지출 성향, 상권 등을 알게 되므로 권리금이나 임대료에서 입을 수 있는 피해를 줄일 수 있다.

동네 상권이나 아파트, 주택가는 공인중개사들이 네트워크를 통해 자료나 부동산 정보를 하고 있기 때문에 예전처럼 같은 지역에서 많은 중개업소를 다닐 필요 없이 한곳에 가면 그 지역에 나와 있는 물건을 대부분 알 수 있다. 다만 부동산마다 계약조건 및 권리금이 다를 수 있으므로 최소 세 군데 공인중개소를 들러 계약조건 및 가격 비교하는 것이 좋다. 또한 요즘 다양한 부동산 어플로 직접 방문하지 않아도 시세를 쉽게 볼 수 있다.

소상공인 상권 분석 시스템

• • •

인구, 직업, 교통 등 업종별 상권 분석 정보를 제공하는 사이트이며, 소상공인 진흥공단에서 운영하고 있다.

회원가입 후 사용하면 원하는 지역 상권을 더 자세한 상권 분석보고서 형태로 자료를 다운받을 수 있다.

상표
등록방법

아이가 태어나면 동사무소에 가서 출생신고를 하듯이 매장 상호를 정했으면 특허청을 통해 신고를 해야 나의 소중한 지식 자산인 지식재산권을 지킬 수 있다.

1. 상표권 출원 전 절차

상표권등록을 위해서 먼저 상표출원의 단계를 거쳐야 한다. 단 상표출원을 했다고 해서 조건 상표를 등록받게 되는 것이 아니며, 먼저 상표등록이 가능할지에 대하여 선행 검토를 진행하고 상표를 출원해야 한다.

2. 상표권등록 기간

상표출원에서 상표권등록 기간을 보통 약 9~11개월 소요가 된다. 따라서 선행 검토가 끝난 상표가 있다면 빠르게 출원 진행하는 것이 좋다. 또한 상표우선심사를 통하여 상표권등록 기간을 단축시킬 수 있는 방법도 있다.

상표권등록 절차

• • • •

상표출원부터 상표등록까지 절차는 출원, 심사, 출원공고, 이의신청, 등록으로 5단계로 정리할 수 있다.

1. 출원단계

상표출원 시 상품 또는 서비스를 지정해야 한다. 상품 또는 서비스 관련 정보는 산업자원부에서 지정한 45개의 류 구분 내에 있어야 한다. 상표를 사용할 지정 상품을 기재한 출원서에는 등록받을 상표견본을 첨부하게 되며, 이때 출원료도 함께 제출하면 된다.

2. 심사단계

출원된 상표는 일주일 정도의 방식 심사를 거치게 된다. 방식 심사란 출원서에 문제가 없는지 서류를 심사하는 과정이다. 서류에 문제가 없을 경우 출원서가 수리되어 담당 심사관에 배정되며, 6개월의 실질 심사 과정을 거치게 된다. 심사단계에서는 3가지 중 하나의 결과를 받게 된다.

출원공고: 출원공고는 가장 바람직한 결과로써 심사를 통과했다는 뜻이다.

식별력 있는 상표로서 인정받지 못한 거절 이유 통지서: 이는 등록은 불가능하나 사용은 할 수 있다는 뜻이다. 즉, 누구나 사용할 수 있는 상표라는 의미로 상표를 독점할 수 없다.

식별력은 인정되나 선출원 또는 선등록된 상표권과 유사: 이는 선등록된 상표가 취소 혹은 무효 되지 않는 한 등록 받기가 힘든 상표로 다른 상표로 출원하는 것이 바람직하며, 상표 교체가 불가능하다면 상표등록권자와 이야기를 통해 양수 또는 사용 라이선스 계약 등을 검토해야 한다.

3. 출원공고

상표출원 심사 결과 거절 이유를 찾지 못한 경우 출원공고결정이 된다. 출원공고란 상표권을 설정, 등록하기 전에 일반인에게 공개하여 공중 심사에 회부하는 것이다. 공익성과 심사관의 심사만으로 부족할 수 있어 시행하는 제도로 출원공고단계에서 누구라도 이견이 있다면 이의신청을 할 수 있다.

4. 이의신청단계

위 내용처럼 출원공고단계에서 상표 거절에 이유가 있는 경우라면 누구든지 출원 거절을 요구할 수 있는데 이를 이의신청단계라고 한다.

이의신청시간은 출원공고일로부터 2달간이며, 이의신청인은 신청서에 이의를 제기한 필요 증거를 첨부하여 특허청장에게 제출해야 하고, 이의신청 후 30일 이내 이의신청서의 이유 및 증거를 보정할 수 있습니다. 이의신청이 발생한 경우 심사관은 출원인에게 이의신청서 부본을 송달하고 답변서를 제출할 기회를 주게 되며, 특허청장은 심사관으로부터 이의신청 심사를 하게 된다. 이의를 신청한 후 신청 이유 등 보정 기간 혹은 답변서 제출 기간이 경과하면 이유를 붙인 서면으로 이의를 결정하게 된다.

이의결정에서 이의신청 이유가 있다고 인정되면 상표 거절이 결정이 나고, 이유가 없다고 인정이 되면, 그대로 상표등록결정이 된다.

5. 등록단계

　상표출원공고 후 두 달 동안 이의신청이 없는 경우 혹은 이의신청이 기각된 경우 최종적으로 상표등록결정이 난다. 출원인은 이때부터 등록료를 납부하고 상표권등록권자가 된다.

　상표권등록이 되면 10년간 권리가 존속되며 상표권은 만료 1년 전부터 갱신 신청을 해서 영구적으로 권리를 유지할 수 있다.

인테리어 설계 과정 이해하기

운영자에게 인테리어는 매장 오픈을 하기 위한 인허가를 받기 위해서, 그리고 매장을 찾는 고객들에게는 매장 어필을 하기 위한 중요한 설계 과정이다.

인테리어의 진행을 쉽게 이해하기 위해선 먼저 작업공정표에 대해서 알아야 한다.

작업공정표란

· · ·

인테리어 공사는 매장의 크기, 건물의 상황, 인허가 등에 따라 일정이 달라지지만, 평균적으로 15~30일 정도의 기간이 소요된다. 따라서 공사 전반에 대한 계획을 세우는 것은 필수적이다. 인테리어 공사에 전문성을 갖고 체계적인 인테리어를 진행하는 업체라면, 대부분 작업공정표를 작성하고 이에 따라 시공을 진행하는 것이 일반적이라 할 수 있다.

작업공정표에는 철거에서부터 최종적인 마감 공사까지 일련의 공사 및 그 일정계획이 기술되어 있다. 인테리어업체는 보통 한 달에 2~4개 정도의 공사를 진행하면서 목수, 전기기술자, 설비시공업자 등과 같이 협력하여 함께 일하는데, 이들을 한 공사에서 다른 공사로 자연스럽게 이동시키는 것이 공사의 효율적 측면이나 수익적 측면으로 볼 때 유리하기 때문에 작업공정표에 따라 공사를 진행하는 것은 인테리어업체에도 필요하다.

창업자는 우선 인테리어업체에게 매장 공사의 작업공정표 일정을 협의하며, 진행 시 공사에 차질 없이 진행하는지를 점검해야 한다. 다만, 이는 어디까지나 계획표이기 때문에 공사 진행 중의 예기치 못한 변수들과 사고로 인해서 그때마다 변경이 불가피할 경우가 있을 수 있으며, 이러한 경우에는 업체와 의견을 조율하는 방향으로 하며, 공사 일정에 차질이 없도록 한다.

1. 목 공사 및 칸막이 공사

목 공사는 매장의 전체적인 기본 틀을 만드는 작업인 만큼 작업 기간도 가장 긴 공사라고 할 수 있다. 목 공사가 중요한 이유는 얼마나 도면과 유사하고 충실하게 작업에 진행했는지 달려 있다. 창업자는 목 공사가 어느 정도 진행되었을 때 한 번 정도 목 공사의 완성도를 확인하는 것이 필요하다.

벽체가 세워지고 인허가 및 운영에 필요한 매장 구조가 나누어지면 차후 변경이 어려워지기 때문이다. 그러므로 목 공사가 어느 정도 완료되기 전 수정이 필요한 부분이 발생이 된다면, 인테리어업체와 상의하여 변경 가능한 한도 내에서 변경 요청을 빠르게 해야 된다.

또한 현장 목 공사 시에는 매장에 필요한 가구를 즉석에서 제작할 수도 있다. 물론 작업공정표에 미리 일정을 추가해야 따로 비용이 발생이 안 된다. 다만 상황에 따라 구조의 변경 및 견적에 없는 가구의 제작 시에는 추가로 비용이 발생한다.

그 외에 천장의 모양, 생산실 및 주방의 크기 등이 도면 치수에 부합하는지, 벽면의 작업은 계약대로 진행이 되었는지 등을 점검한다.

이제 매장의 전반적인 틀이 완성된 만큼 마감재를 덧입혔을 때 매장의 분위기가 어떤지를 구상하고 매장 컬러계획 등의 디자인계획을 점검하는 것도 필요하다. 덧붙여 목 공사 및 칸막이 공사는 상당한 소음과 먼지 등을 유발하므로, 같은 건물의 다른 입주자에게 사전에 양해를 구해야 된다.

2. 전기 및 조명

매장을 운영할 건물을 임대할 때에 전기용량(kw) 및 소방과 관련된 시설에 대해 먼저 알아봐야 한다. 이에 대한 사항을 알지 못하면, 인테리어 공사를 하면서 많은 어려움과 시간이 발생하기 때문이다.

제조실을 운영한다면 대부분 건물에 신청된 전력이 여유가 많지 않아 승압 증설 공사를 진행하는 경우가 빈번하게 발생한다. 전력소비가 많은 생산 설비나 매장에 필요한 기기에 대해 미리 계획을 갖고 필요한 전력에 맞추어 미리 전기용량을 승압하도록 한다. 또한 매장 디자인이 다소 손해를 보더라도 콘센트는 적정 위치에 많으면 많을수록 좋다.

매장 조명의 점등 및 소등이 편리하도록 스위치가 적절하게 설치되어 있는지를 확인하고, 차후의 A/S 문제와 관련하여 전기 배선도와 콘센트 배선도를 인테리어업체에게 요구하여 반드시 받아두어야 한다.

3. 설비 및 배관 공사

매장을 운영하면서 가장 많이 발생하는 하자 및 A/S 항목 중의 하나가 바로 배관 설비와 관련된 문제다. 영업 중에 물이 새고, 생산실에 설치한 하수관이 가늘어 물이 안 빠진다면 생산에 차질이 발생할 뿐만 아니라 매장 운영에 있어서 많은 영향을 가져오게 된다. 그렇기 때문에 창업자는 눈에 보이는 디자인의 하자보다는 눈에 안 보이는 전기, 배관, 기타 설비의 문제에 더 신경을 쓸 필요가 있다.

창업자는 배관 설비 공사 시 배관도면에 대해서 공사 업자의 설명을 반드시 내용을 전달받을 필요가 있다.

냉·난방 설비 경우 천정의 높이, 도시가스의 시설 매립 유무, 상하수도관 시설 매립 유무, 건물의 상황 등에 따라서 개별 냉·난방, 환기, 심야전력 등 여러 가지 선택의 폭이 있다. 우선 건물 상황에 따른 각 시설의 장·단점과 비용에 대한 설명을 듣고 이를 검토하며, 공사 예산에 맞추어 시설을 설치한다.

배관 등의 설비 공사 역시 전기 공사와 마찬가지로 업체에 배관 설비도면과 주요 설비 포인트의 사진을 요구하는 것이 좋다. 이는 차후 A/S 시에도 유용하고, 만약에 발생하는 업계와 설비에 관해서 다툼이 발생했을 시에도 필요할 수 있기 때문이다.

4. 도장 및 벽지 공사

도장 및 벽지 공사가 시작되기 전에는 시공업체가 계획한 컬러계획을 입면도나 3D 도면을 통해서 실제 컬러를 입혔을 경우 매장 이미지가 어떻게 구현되는가를 살펴보는 것이 좋다. 특히 도장 및 벽지는 일반인이 보기에도 결과물의 질이 한눈에 띄기 때문이다.

실제 도장 공사가 마감되었을 때, 꼼꼼히 점검해서 눈에 띄는 하자가 없는지 미리 체크해서 즉시 수정을 요구해야 한다. 또한 도장 및 벽지의 경우 시간이 지날수록 때가 타거나 벽지에 손상이 발생할 수 있기 때문에 인테리어 업체에게 마감재의 특성이나 관리상의 유의점을 미리 알아두는 것이 좋다.

5. 바닥 공사

최근 인테리어의 수준이 상향 평준화되면서 바닥 재질도 비슷비슷하게 공사를 한다. 특히 반려견이 같이 동반할 수 있기 때문에 바닥 공사에 신경을 많이 써야 한다.

바닥 공사에 많이 쓰이는 재료로 미끄럼방지 기능이 들어간 폴리싱타일, 대리석타일 등 재질과 방수 기능이 좋은 우레탄을 사용한다. 이런 자재는 필수적으로 미끄럼방지가 있어야 된다.

따라서 바닥재를 시공하기 전 사전공사바닥을 고르게 하는 미장 공사의 필요성이나 그로 인한 공사 기간의 연장, 추가비용 등도 고려해야 할 것이다.

6. 가구 공사

매장에서의 가구는 편의를 최대한 고려하며, 수납과 공간 활용도를 높게 하여, 전체적인 분위기와 편리성에 맞춰야 하며 견적서상의 가구가 전량 명시되어 있는지를 검사해야 한다.

간혹 견적서상에 명시된 가구를 누락시킴으로써 부당이익을 확보하는 얌체업체도 있기 때문이다.

7. 마감 공사

큰 의미에서의 마감 공사는 도장이나 바닥 공사도 포함하는 개념이지만, 작은 의미로는 개업일에 차질 없이 문을 열 수 있게 모든 세팅을 끝내고, 마지막 정리 및 점검을 하는 작업을 말한다.

전체 작업의 작업내용을 살펴보면 부족한 것 또는 공사에 빠진 내용들이 있는지 최종 점검하며, 청소와 가스공급의 상태 점검, 상하수도의 원활한 수급 체크, 매장의 장비와 설비 및 기기의 작동 여부 확인 등이 있다.

창업자는 마감 공사 기간에 자신의 요구사항 리스트를 작성하여 보완해야 할 부분을 인테리어업체에 요구하여 완벽하게 마무리해야 한다.

8. 사후 A/S

인테리어 공사가 끝났다고 모든 것이 끝난 것은 아니다. 계약 시 정해진 약정에 의해 개업 이후 인테리어 하자로 인한 A/S를 받아야 할 때가 발생할 수 있기 때문이다.

작은 부분의 A/S부터 예상치 못했던 커다란 하자가 발생한다면, 즉시 보수 공사를 통해 이를 조치해야 한다.

하지만 공사를 마친 경우에 이에 대한 조치가 원활하게 이뤄지는 경우는 보기 힘들다. 이에 대비해 A/S를 담보 받을 수 있도록 사전에 조치를 취해야 한다.

레이아웃 이해하기

• • • •

레이아웃은 매장 특성에 반영하여, 공간 구성을 하는 작업이다. 특히 한정된 공간에 영업을 하기 위한 인허가를 받기 위하여 작업공간과 작업동선을 고려한 인테리어 시공을 하기 위한 기본 공간 구성작업이다.

1. 가상의 레이아웃으로 매장을 시뮬레이션

레이아웃의 기본적인 요소를 충족시키면서 효율적인 공간 활용을 하기 위해서는 현장 실측을 통한 도면을 가지고 공간 배치를 하는 것이 바람직하다.

업종의 특성에 따라 공간 구상이 달라지겠지만, 기본적으로 필요한 공간을 가상으로 설정해본다.

1) 화장실: 실내에 화장실 설비가 가능한 경우 가급적 남녀를 구분하여 설치하는 것이 좋다. 그리고 여자 화장실을 안쪽에 배치하여 프라이버시를 지켜주며, 남자 화장실에 비해 공간을 크게 잡아주는 것이 좋다.

2) 창고: 외부 손님의 동선과 시선에 지장을 주지 않는 공간에 설치하며, 선반 설치 등 사용자의 편리성을 고려해야 한다.

3) 생산실: 주방 장비와 기기의 크기와 수량을 고려하여 공간을 결정한다.

4) 출입구: 외부 고객을 안내하기 위한 카운터, 직원이 업무 하는 공간과 연결성이 좋은 곳에 배치한다. 외부 고객이 내부 분위기를 파악할 수 있도록 접객실로 바로 연결되도록 한다.

5) 탈의실: 유니폼을 착용하는 공간으로 되도록이면 생산실과 가까운 곳에 설치하는 것이 좋다.

설계도면을 작성하기 전 매장 인허가를 결정해라.

도면을 실제 그리는 것은 인테리어 작업자이지만, 매장은 창업자의 업무공간이란 것을 잊어서는 안 된다.

즉 시공업체가 좋은 도면을 그려주기만을 기다릴 것이 아니라. 창업자 자신의 매장의 인허가 받을 내용을 확인하고, 거기에 맞는 요구사항을 미리 상세히 업체에게 전달함으로써, 업체와 원활한 소통을 하며 그로 인한 시공 전에 시행착오를 줄이는 방법이다.

좋은 인테리어업체 찾는 방법

· · · ·

어떤 인테리어업계가 좋은가? 이는 창업자마다 그 취향이 다르며, 현재 인테리어업체들은 나름대로의 장·단점과 각자만의 인테리어의 노하우와 색깔을 갖고 있다.

다음에서 어떤 인테리어업체를 선택할 판단 기준이 될만한 것을 간략히 정리한다.

1. 시공 경험이 많은가?

괜찮은 업체들은 본인 업체가 시공한 포트폴리오를 먼저 보여주며, 이런 업체 경우 시공 전 포트폴리오 기준으로 장단점을 설명해줄 수 있다.

이처럼 많은 공사를 한 업체인 경우 차후 A/S가 확실하여 문제가 발생 시 빠른 대응을 해줄 수 있으며, 많은 공사 이력이 확인되어 공사의 신뢰가 전반적으로 높을 수 있다.

2. 확실한 견적서

인테리어의 경우 일정 금액의 이하가 되는 공사는 사실상 어렵다고 보아야 한다. 견적이 너무 낮다면 2가지 중의 하나다. 신규 업체가 인지도를 쌓기 위해 손해를 감수하려는 경우 또는 견적 외 추가 공사가 많은 경우이다.

그러기 때문에 인테리어 공사 견적서 확인 시 적정한 공사 내역과 그에 따른 적절한 공사비용이 작성되어 있는지 살펴봐야 한다.

3. 이전 시공 매장의 평가를 확인한다.

대상업체에게 시공을 맡겼던 매장이 가깝거나 직접 방문이 가능한 거리에 위치하여 있다면, 업체관계자와 같이 방문하여, 공사 이력을 보고 판단하는 것이 좋다.

또한 거래했던 관계자와 이야기하면서, 공사 일정은 차질없이 잘 지켜줬는지, 공사 후 A/S나 보수 등 사후 서비스가 철저했는지 확인을 한다.

가장 중요한 건 공사의 경험이 풍부한지 여부를 확인해야 하며 대상업체와 거래했던 다른 사업자들의 평은 괜찮은지 등도 업체 선정의 기준으로 삼아야 한다.

혹시 공사 했던 매장의 방문을 꺼려하거나, 매장에서 만날 때마다 불성실한 느낌을 준다면, 대상에서 제외하는 것이 좋다.

생산(주방) 시설과
설비 집기 리스트 기초정리

안전한 반려동물 식품을 생산하기 위해 사용하는 식재료를 위생적이고 안전하게 보관하며, 보관한 식재료를 이용하여 제품을 만들어 제공할 수 있는 생산 시설과 설비를 갖추어야 한다.

생산 시설과 설비

• • •

펫푸드를 안전하게 생산하기 위해서는 외부인이 못 들어오게 만들며, 각종 외부 오염원을 차단할 수 있는 공간에 위치해야 한다.

또한 이동이 용이하고 주변 환경이 위생적이며, 쾌적하여야 하며, 보안 및 유지 관리가 용이한 장소여야 한다.

1. 사료(단미/보조)생산실

사료(단미/보조)제품을 만드는 과정과 작업이 위생적으로 작업하기 위해서는 생산실의 위생 개념에 입각하여 설계를 해야 되고, 생산 시설 배치가 되어야 한다. 하지만 최소한의 설비기구만을 적절하게 배치하는 경향이 많았다.

그러나 위생적인 작업을 위해서는 작업의 흐름에 따라 공간을 나누며, 필요한 설비기구를 효율적으로 배치해야 하며, 이에 소요되는 면적을 계산하고, 생산실의 온도와 습도를 조절할 수 있는 시설도 갖추는 것이 좋다.

또한 생산 설비 공사는 현장 감독을 철저히 함으로써 바닥과 배수로의 물 빠짐이 용이하도록 관리해야 된다. 특히 원물을 작업 시 배수로의 물 빠짐이 좋지 않으면, 세균 번식 및 위생상 안 좋은 일들이 발생할 수 있다.

2. 작업장의 구획 및 시설 구분

작업장은 시설 기준에 맞춰 나누며, 작업 구역별 작업내용에 따라 분리하여 구분한다.

1) 내벽

– 내벽은 틈이 없고 청소가 용이한 구조여야 한다. 특히 오염 여부를 쉽게 구별할 수 있도록 밝은색으로 작업한다.

– 벽면과 기둥의 모서리 부분은 쉽게 파손이 될 수 있으므로 파손되지 않도록 보호대로 마감 처리한다.

– 벽면은 청소작업이 편리해야 된다.

2) 바닥

– 바닥은 청소가 용이하고 내구성이 있으며, 특히 작업자가 이동 중 미끄러지지 않도록 하며, 쉽게 균열이 가지 않는 재질로 하여야 한다.

– 바닥은 배수가 용이하도록 해야 된다.

- 배수구의 덮개는 청소할 때 쉽게 열 수 있는 구조가 좋으며, 견고한 재질로 된 덮개를 사용한다.
- 바닥은 미끄럽지 않고, 전체적으로 배수가 잘되어야 한다.

3) 천장

- 천장의 높이는 바닥에서부터 3m 이상이 이상적이다.
- 천장의 재질은 내수성, 내화성을 가진 재질로 공사한다.
- 천장을 통하여 통과하는 배기덕트, 전기설비 등은 위생적인 주방환경을 위해 천장의 내부에 설치하는 것이 좋다.
- 천장 내부에 있는 설비 보수작업에 편리하도록 작업하는 게 좋다.

4) 출입구

- 개폐가 용이하며, 방습성이 있는 재질이 좋다.
- 청소가 용이한 재질과 위생 해충의 진입을 방지하기 위한 방충 방서 시설 또는 에어 커튼을 설치한다.

5) 창문

- 공기조화 설비를 갖춘 생산실인 경우 창문을 고정식으로 한다. 다만 개폐식 창문의 경우는 해충의 침입을 방지할 수 있도록 방충망을 설치한다.
- 주방의 창문에 먼지가 많이 쌓이므로, 이를 방지하기 위하여 창문틀과 내벽은 일직선이 유지되도록 한다.

6) 채광/조명

- 자연채광을 위하여 창문면적은 바닥면적의 1/4 이상 되도록 한다.
- 자연채광이 어려운 경우는 인공조명 시설을 갖추어야 하며, 효과적으로 실내를 점검, 청소를 할 수 있고, 작업에 적합한 충분한 밝기여야 한다.
- 천장의 전등은 파손과 물에 강한 LED 전등을 사용한 함몰형이 좋으며, 식품 오염을 방지할 수 있는 보호장치를 갖추어야 한다.

7) 환기 시설

– 생산 시설 내에서 발생하는 가스, 매연, 습기 또는 먼지 등을 바깥으로 배출할 수 있는 충분한 환기 시설을 갖추어야 한다.

– 만약을 위해서 외부에 개방된 환기 시설을 통해 위생 해충 및 쥐의 침입을 방지하기 위해 방어 시설을 설치한다.

8) 원료 보관실

– 원료 보관은 냉동, 냉장으로 구분하여 보관한다.

– 보관실의 바닥은 물을 사용하는 세척 또는 생산실로부터 물의 유입을 방지하기 위해 바닥을 약간 높게 공사하는 게 좋다.

– 바닥의 재질은 물청소가 용이하고 미끄럽지 않게 하며, 배수가 잘되어야 한다.

기계류 및 기구

· · · ·

동물용 간식류를 생산하기 위해서는 가공법에 따라 알맞은 기계와 작은 소도구가 많이 필요하다. 기계 종류가 다양하고 너무 많기 때문에 생산하는 제품의 종류와 제품의 크기를 파악하고, 그에 알맞은 설비를 구매한다.

소도구류는 제품군과 종류에 따라 달라지며, 필요시 적정하게 구매하면 된다.

번호	품명	수량	비고
			펫푸드 창업 설비 리스트(기본)
1	산업용 건조기	1	온도 90℃ 이상 제품군에 따라 건조 칸 수(12칸, 24칸)
2	오븐	1	제빵, 제과류 생산에 필요
3	절단기	1	원물 절단용 뼈 제품 절단용
4	반죽기	2	재료 혼합 및 반죽용
5	저울	2	재료 계량 시 사용
6	작업테이블	2	원물 가공 및 작업용
7	오븐테이블	1	오븐 거치대
8	업소용 냉장고	1	원물 및 재료 보관
9	업소용 냉동고	1	원물 보관

번호	품명	수량	비고
			펫푸드 창업 용품 리스트(기본)
1	건조 타공 판	24	건조기용
2	오븐 판	3	제과, 제빵용
3	재료 소분 통	8	소분된 파우더 보관용
4	계량컵	2	계량용
5	주걱(실리콘, 나무)	4	재료 손질용
6	스탠 볼	10	손질 전, 후 재료 보관용 원물 혼합용
7	전자저울	2	정확한 계량 측정 사용
8	밀대	1	원물 손질용
9	가위	1	원물 손질용
10	칼	2	원물 손질용
11	몰드(실리콘, 스탠)		제과, 제빵으로 사용
12	밀폐 보관 통	20	완성된 제품 임시 보관용

펫푸드 창업
길라잡이

3 창업 후 사업자가 알아야 하는
경영 노하우 매뉴얼화하기

사장이 알아야 될 지식

펫푸드 매장을 운영하다 보면 다양한 고객과의 분쟁은 필연적으로 발생하게 된다. 이때 현명한 사장은 먼저 사과하고 대응방안을 찾는다. 성공을 하고 싶다면, 먼저 이익만 챙기지 말고, 고객이 오히려 매장을 걱정하게 만들어야 성공을 한다.

또한 올바른 경영을 하기 위해서는 펫푸드를 운영하는 데 적용되는 동물 관련법을 잘 파악하고, 개정되는 법령을 체크하여 경영에 도움이 되는 방향성을 잘 잡고 운영을 해야 된다.

식자재 구매와
재고 관리방법

식자재 관리는 구매 관리, 재고 관리 등 원료수불일지로 관리가 가능하다. 식자재 관리는 예비창업자에게 가장 어려운 부분으로 이에 대한 성과가 구매비용의 상승, 상품 가치의 하락, 잘못된 보관으로 부패율 등으로 인하여 판매가격 대비 품질이 떨어지는 경영상 최악의 상황을 초래하게 된다. 특히 외식 산업에서 식자재의 비중은 30~40%를 상이하므로, 이를 저렴한 가격에 높은 품질로 구매하며, 최선의 상태로 유지함으로써 식자재의 낭비를 줄이고 이윤창출을 높이는 것이 식자재 관리의 목표다.

고객에게 좋은 서비스를 제공하기 위한 첫 번째는 구매 관리

• • • •

구매 관리는 그 기능이 예전에는 단순히 사용과 용도에 따라 필요량을 적절한 시기에 적정가격으로 구매하고 이에 따르는 사무 처리를 하는 것이었지만, 오늘날에는 제품생산의 고도화와 다양한 관리 시스템으로 인해 구매 업무의 내용이 많아지고 단순하게 되었지만, 그만큼 중요한 업무이다.

과거 세계 경제불황과 저성장 시대 그리고 현재 코로나 시대에는 치열한 경쟁사회에서 과거와 같은 경영방식으로 운영을 한다면 엄청난 부담 때문에 빠른 혁신과 변화를 추구할 수밖에 없다.

급격하게 변화하는 현대사회에서 펫푸드 매장으로 성공하려면 반드시 효율적인 생산 시스템과 정확한 관리 시스템을 적용 운영해야 한다. 변화만이 새롭게 창조되는 미래의 기회로부터 다른 경쟁업체보다 앞서 파악하고 준비할 수 있기 때문이다.

체계적인 데이터 분석과 시스템을 활용한 경영기법으로 접근해야 한다. 최근에는 생산 시설이 첨단화되고 있지만, 여전히 사람 손을 거쳐 만드는 음식은 여전히 위생뿐만 아니라 여러 면에서 위생적 사고의 위험성이 있다.

이 과정 중에 가장 먼저 시작해야 되는 과정은 구매업무이다. 구매 관리는 단순히 물건을 사고 입고시키는 과정으로 생각하지만 그 안에 미묘한 조율이 필요한 업무이다.

식재료 구매 관리의 의의

• • • •

모든 매장을 운영하기 위해서는 구매 관리는 원가 관리를 위한 기초적인 관리이며, 특히 구매 관리 활동은 적정한 물품을 구매하는 것뿐만이 아니라 펫 매장 상업을 계획, 통제, 관리, 운영하는 경영 활동을 생각해야 된다.

재료 구매는 시즌에 따라 공급되는 재료, 물가 변동, 전염병 발생으로 인한 원자재 상승 등 경제적 요인이 다양하게 작용되므로 재료의 구매 및 선정에 있어 세심한 주의가 필요하다.

구매 관리자는 복잡한 유통경로에 대한 지식, 식품이 가진 특성과 영양성분, 보존 기간 및 변질에 관한 지식, 환경이 끼치는 원가상승 등 전반적인 지식을 가지고 있어야 한다.

또한 식재료의 생산 과정에서 조리, 판매에 이르기까지 많은 경험과 끊임없는 연구가 필요하며, 합리적이고 효율적인 구매를 위하여 정기적으로 다양한 정보 취합과 시장 조사, 구매품목에 대한 시즌별 가격변동 등을 고려하여 구매절차를 거쳐야 한다.

1. 구매의 개념

구매 관리의 개념은 크게 3단계에 걸치는 절차로 최종적으로 가치 분석을 통해 정리해야 한다.

1단계: 생산에 필요한 원재료 결정

제품생산에 사용될 원, 부자재 결정을 하며, 여러 곳의 납품업체로부터 사전 견적을 받는다.

2단계: 업체 선정

납품업체와 유통조건을 확인하며, 샘플 발주를 통하여 품질 확인. 그 후 선정된 업체와 최종 협의를 통해 품목 및 가격 협상.

3단계: 납품 관리

배송의 형태, 보관방법, 검수방법, 결제방법. 납품받은 물건이 상태 이상에 따른 반품조건 등 납품 사후 관리를 한다.

필요한 물품에 대한 적절한 공급 관리는 구매 관리의 필수조건이다. 적절한 재고량을 확보하지 못하면, 고객 주문에 따라 충분한 서비스를 제공할 수 없게 되고, 반대로 재고 보유가 많다면, 재고 관리 및 변질에 의한 로스가 발생되어 비효율적 관리로 이어지며, 현금 회전에 지장을 초래하게 된다. 이러한 문제를 해결하기 위해서는 구매 관리자의 역할이 매우 중요하다.

구매 관리자는 구매량을 결정할 때에는 물품을 직접 생산하는 생산 관리팀 또는 생산량 대비 판매에 대한 정보를 확인하고 영업에 필요한 수량과 물품을 정확하게 파악 후 구매를 진행해야 한다.

구매와 관련된 명세서를 작성할 때에는 품목, 규격, 단위, 수량, 물품 상태, 금액을 필히 표기해야 되며, 지속적으로 물품을 공급 유지하기 위해서는 다음과 같은 내용을 한 번 더 체크해야 된다.

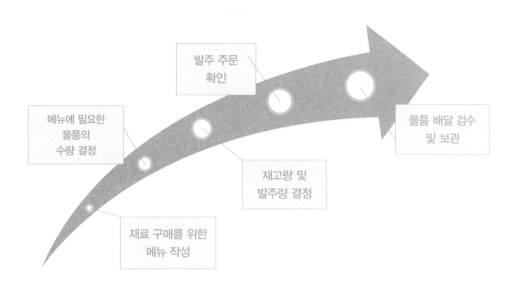

이와 같이 재료의 구매는 단순한 물품에 국한되지 않고, 경제적인 효율성과, 수익성을 계산하여 진행해야 되며, 구매 관리의 영역은 원재료 구매, 검수, 저장(냉장/냉동 보관), 재고 관리가 포함된다.

2. 구매 시장 및 유통

물품이 생산자로부터 소비자에게 인도되고 그 소유권이 이전되는 장소로 식품이 생산지로부터 소비자의 식탁에 이르는 모든 경로를 시장이라 한다. 또한 유통경로는 3가지로 분류가 되는데, 첫 번째로 생산단계는 생산자, 제조업체, 가공업체를 뜻한다. 두 번째로 중간 유통단계는 중간상 또는 공급업체로 도매상, 제조업 대리점, 소매점 등이 있다. 세 번째로 최종 소비단계로 운영 중인 펫 매장, 개인구매자가 있다.

3.구매부서 관리

소규모 매장에서는 생산 및 구매 관리자가 함께 담당하지만 규모가 커지게 되면, 독립된 구매부서나 구매 담당자가 구매업무를 담당하게 되며, 구매 담당자는 원하는 품질의 식재료 및 물품을 최적가격에 최적시기에 구입 공급해주는 역할을 진행하게 된다. 또한 필요한 재료의 관련한 정보를 생산부서에 전달하는 역할이 있으며, 구체적인 역할은 1) 구매시기, 수량, 품질, 구매가격. 2) 재료의 현재 시장 현황. 3) 시장 조사를 통한 품목별 구입시기 여부 판단. 4) 구입한 재료에 대한 경제적 평가 등이 있다.

구매 담당자는 식재료의 특성 및 선택, 사용법에 따른 관련 법규, 유통환경에 대해 잘 알아야 하며, 이는 식품을 취급하는 모든 영업장이 필요로 하는 정보로 식품위생을 담당하는 위생과 또는 농림축산식품부를 통해 확인을 해야 한다.

예를 들어 단미사료 제품 중 두부 완제품을 사용하여 만들어 판매하게 되면 단미사료법을 위반이 된다. 다만 단미사료업 시설에서 콩을 이용하여 직접 두부를 만들어 사용하게 되면 판매가 가능하다. 두부는 식품위생법을 의거해서 만들어진 사람을 위한 제품이기 때문이다. 그러기 때문에 단미사료법에 의해 제품을 만들어 판매하려면 사용 가능 원료로(참고: [별표 1] 단미사료의 범위) 이용하여 두부를 먼저 만들어서 판매하면 된다.

4. 구매절차

물품 구매명세서는 구매하고자 하는 물품의 품질 및 특성에 대해 기록한 양식으로 구매명세서, 물품명세서, 물품사양서를 발주서와 함께 공급업체에게 송부하여 명세서에 적힌 품질이 맞는지 물품 수량이 정확한지 검수할 때 필요하다.

용도는 재료에 관한 여러 가지 자세한 내용을 명확하게 제시한 것으로 구매 시 공급자와 구매자 간의 정확하고 원활한 소통을 위해 사용하는 구매명세서는 납품 수령 시 물품 점검을 위한 기본 서류이다.

사전에 제품 테스트를 거쳐 업체에서 가장 적합하다고 판단되는 재료의 유형, 품질, 수량에 대해 결정한 다음 구매를 위한 절차를 위해 작성하는데, 이때 필요한 정보만을 넣어 작성한다.

이와 같이 물품 구매명세서를 통해 발주를 하게 되면, 구매내역서 보관하여 구매 관리 및 정산 관리를 처리하며, 차후 세무정리하는 데 기초 자료로 사용한다.

5. 발주업무

발주 수량 산출은 주로 생산부에서 이루어지는 것으로 재료의 재고사항을 파악하고, 입고일과 발주 최소 입고 수량을 체크하여 그날 생산되는 작업과 판매 수량을 예측하여 구매 담당자에게 전달하면 된다.

구매 담당자는 발주 수량에 대한 품목과 단가 등을 검토 및 수정단계를 거쳐 거래처에 재료 발주를 유선 또는 온라인을 통해 하면 된다.

이때 생산부에서 이루어지는 발주 수량의 산출은 다음과 같다.

1) 발주 수량 계산법

– 생산 제품 레시피 최소 중량

– 하루 예상 판매량

– 표준 레시피에서 재료 폐기율을 고려하여 발주 수량 계산

• 구입 시 중량

• 폐기되는 부분(지방) 중량

• 원물 형태에 따른 폐기 부분

– 산출된 발주 수량의 단위를 g 또는 kg 중량 단위로 계산하여 물품구매 업체별 최소 발주 수량 계산

– 최대한 재료의 로스를 줄여 발주

2)적정 발주 수량 결정

적정 발주 수량은 저장비용과 주문비용에 대하여 영향을 받는다.

– 저장비용: 재고를 보유하기 위해 소요되는 비용으로 저장 시설 유지비, 재고 관리비, 오염으로 인한 폐기 손실비용

– 주문비용: 인건비, 업무처리비, 소모품비, 검수에 대한 인건비용으로 주문비용은 발주 수량과 주문횟수에 따라 달라지는데, 1회당 발주가 많아지면 연간 저장비용이 증가, 주문비용은 저하된다. 반대로 1회당 발주가 적어지면 저장비용이 감소, 주문비용은 증가된다.

6. 구매의 정의

구매의 정의는 다음과 같이 정리할 수 있다.

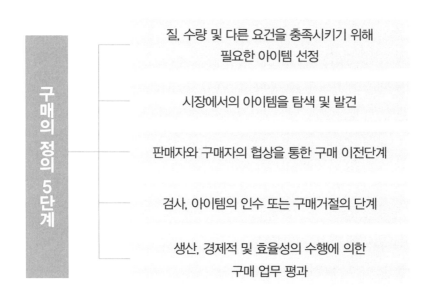

구매의 정의 5단계

질, 수량 및 다른 요건을 충족시키기 위해 필요한 아이템 선정

시장에서의 아이템을 탐색 및 발견

판매자와 구매자의 협상을 통한 구매 이전단계

검사, 아이템의 인수 또는 구매거절의 단계

생산, 경제적 및 효율성의 수행에 의한 구매 업무 평과

구매자의 업무는 메뉴에 적혀 있는 아이템을 생산하기 위해서 반드시 필요한 물품을 정확하게 전달해주어야 하며, 매매에 의한 확정된 가격을 경제적으로 이익이 되는 방향으로 조율해서 합리적으로 조달해야 한다.

그래서 구매자의 역할이 크며, 구매 시 성공 여부는 다음과 같이 정리할 수 있다.

- 성공요인: 어떠한 메뉴라도 필수적으로 질과 상품 가치를 생각한다. 그리고 품질이 좋은 재료를 정확한 시기에 적정가격에 구매하여, 경제적 이윤을 발생시킨다.

- 실패요인: 메뉴에서 요구하는 방향을 이해하지 못하고, 시장 조사하기 위한 배경지식이 부족하여, 정확한 재료를 시간 안에 구하지 못하여, 좋은 질의 상품을 구현하지 못한다.

재고 관리의 목적

. . .

재고 관리란 사용하고 남은 식재료의 관리와 입고부터 출고까지 재료의 전반적인 관리를 말하며, 물품의 수요가 발생했을 때 즉각적으로 사용할 수 있도록 재고를 신속하고 안전하게 최상의 상태로 관리하는 것을 말한다.

재고 관리를 함으로써 재료 부족으로 인한 생산 계획에 영향을 받지 않고 남은 재료를 적절하게 사용하여 구매 관리에 도움을 준다.

1. 식재료 관리의 목적

필요한 식재료를 적절한 시기에 적합한 품질, 수량 가격으로 구매하고, 공급하여 최상의 품질 유지 및 제품을 향상시킨다.

식재료 원가에 대한 올바른 이행과 정확한 인식을 통해 원가 관리 및 이익 창출을 한다.

필요한 식재료를 원활하고 효율적으로 재고 관리, 저장 관리를 하여 식품 안전사고를 방지하고, 예방한다.

이와 같이 식재료 구매비용을 낮췄다면, 식재료를 효율적으로 관리하여 전체적인 원가비용을 낮출 수 있다. 메뉴 관리, 재고 관리, 활용법 등 여러 가지 요소를 계산해야 효율적인 원가 절감이 가능하다.

그러기 때문에 창업자가 경영하는 데 가장 많은 관심과 집중해야 할 부분이 재고 관리이다. 재고 관리에 대한 중요성은 알고 있지만 체계적으로 잘 되는 곳이 많지 않고, 소홀한 관리로 인하여 식재료 폐기율도 높다.

2. 저장 관리

저장 관리란 재료의 사용량과 일시가 결정되어 구매결정을 통해 구매한 재료를 철저한 검수 과정을 통하여 출고할 때까지 운영에 있어서 손실이 일어나지 않도록 합리적인 방법으로 보관하는 과정을 말한다. 이렇게 재료의 본래의 의도대로 사용할 수 있도록 보존하는 상태를 저장이며, 이를 관리하는 것이 저장 관리라고 한다.

저장 관리의 목적은 보관 미스로 인한 폐기, 지난 유통기한에 의한 제품손실 등을 최소화하여 적정 재고량을 유지하는 데 있으며, 재료의 손실을 방지하고 올바른 출고 관리를 하기 위한 목적이다.

저장 관리의 일반적인 원칙은 저장위치 표시, 분류저장, 품질 유지, 선입선출, 공간 활용이 있다.

- 저장위치 표시: 식재료가 어디에 있든 쉽게 위치를 파악할 수 있도록 도와준다.

- 분류저장: 재료의 성질, 용도, 기능에 따라 분류하여 입출고 혼선을 방지한다.
- 품질 유지: 일반적인 재료의 적정 저장온도와 습도, 저장 기간 등 고려하여 품질 변화가 생기지 않도록 한다.
- 선입선출: 재료의 저장 기간이 짧을수록 재고자산의 회전율이 높다. 특히 변질되기 쉬운 품목과 유통기한이 표시되어 있는 품목을 출고 관리에 유의하고, 안전하게 입고순서에 따라 출고될 수 있도록 관리한다.
- 공간 활용: 저장공간은 저장품목의 양과 부피에 따라 결정되며 품목 자체가 차지하는 공간 외 운반 또는 이동공간도 고려해야 한다.

3. 저장방법

재료를 안전하게 보관을 하기 위해서는 어떻게 저장을 할지, 그리고 관리를 할지 생각을 해야 한다. 보편적으로 냉장고, 냉동고, 식품창고를 통한 저장방법이 보편적으로 사용된다.
- 냉장고: 냉장고에 저장하는 재료는 출입문의 개폐에 따른 온도의 변화를 가지고 올 수 있으므로 계측 온도계 등을 이용하여 냉장고의 적정온도(0~5℃)를 유지되도록 해야 한다.
- 냉동고: 냉동고 보존은 대부분 저온 상태에서 장기간의 저장을 요하는 재료가 많다. 따라서 장시간 보관을 하게 되면 세균의 번식 억제 및 재료 품질의 저하를 억제해야 하므로 냉동고의 온도 관리는 아주 중요하다. 적정온도(-10℃ 이하)를 유지할 수 있도록 관리해야 하고 냉동식품 저장공간을 충분히 확보해야 한다. 냉동고 저장하는 재료는 주로 원물 재료를 보관한다.
- 식품저장창고: 식품저장창고는 상온에서 보존이 가능한 재료를 보관하

며, 실온 보관이기 때문에 직사광선을 피하고, 방서, 방충 등 관리를 잘 해야 한다.

이와 같이 저장방법을 통해 안전하게 보관을 할 수 있으며, 이를 안전하게 관리하기 위해 저장 관리 4원칙인 안전성, 위생, 관리, 보안 등을 알면 좋다.

- 안정성: 상하기 쉬운 재료는 입고부터 저장까지 시간이 가장 중요하며, 빠르게 처리가 되어야 한다. 또한 건조된 식재료는 손상, 부패 등이 없는지 검사해야 한다.

- 위생: 모든 창고는 청결해야 하며, 방충, 방서로부터 보호되어야 한다.

- 관리: 보관된 물품의 재고 관리, 출고 횟수에 의한 위치 선정, 선입선출, 재료 특성에 따른 분류, 재료 저장 등 합리적인 운영을 해야 한다.

- 보안: 창고 출입자는 제한 및 비상용 키를 관리하고, 외부로부터 재고자산을 보호한다.

4. 품질 관리

품질 관리란 과학적이고 창조적으로 접근하며, 경제적으로 고객을 만족시키는 품질 높은 제품을 개발, 생산, 판매하는 서비스를 말한다. 즉 고객이 제품을 구매할 때 만족도가 높은 제품을 만들어 판매하는 것이다.

제품의 품질은 원재료, 구성요소, 생산방법, 기술의 숙련도, 제품 디자인 등에 의해 결정된다. 고객의 특성에 따라 제품의 질을 결정하는 평가는 다르지만, 대부분 외형상의 모양, 식감, 맛, 냄새를 통하여 제품의 질을 판단한다.

제품의 품질이 향상되어 구매고객으로부터 신뢰감을 얻고, 제품의 가공 불량이 줄어들며, 위생의 중요성을 인식하면, 손실이 적어 차후 제품가격을 낮출 수 있다. 이로 인하여 소모적인 작업이 줄어들며, 제품의 능률이 향상되면 자연스럽게 판매가 상승한다.

생산량이 증가하면, 합리적인 생산 계획이 세워지며 계획에 따라 각 부분의 생산 연계가 활발해지며 조직적으로 움직일 수 있다. 또한 신제품 개발이 빠르고 성공사례가 증가하게 되면 고객으로부터 신뢰도가 높아져 매출 상승에도 큰 도움을 준다.

인적 자원 관리 및 판매촉진

인적 자원 관리 및 판매촉진은 경영에 있어서 주체적 요소인 자원을 확보하여 교육하고 관리하며 노동력을 육성, 개발, 유지 활동하는 모든 기능을 대상으로 하며 매출과 직접적인 연결이 되므로 운영에 가장 필요한 관리 활동이다.

인적 자원 관리

• • •

매장을 운영하면서 인적 자원 관리는 경영하는 데 필요한 인력 조달과 유지, 활동, 개발에 관하여 계획적이고 조직적인 관리 활동이다.

1. 인적 관리의 목적

인적 관리는 운영하는 조직의 목적과 근무하는 직원의 업무 관리를 통합하여 이를 극대화하는 것을 목적으로 하며, 인적 자원 관리는 기업의 목표인 생산성과 조직 유지를 목표로 인력을 관리한다.

또한 운영에 필요한 유능한 인재를 확보하고, 육성, 교육하여 이들이 공정한 보상과 유지 활동을 하는 데 중점을 두고, 직원들은 업무를 통해 생계유지와 사회 참여에 의한 성취감을 가질 수 있다.

2. 인적 자원 관리 구분

인적 자원 관리는 기능적 인사 관리와 관리적 인적 자원 관리로 구분한다.

1) 기능적 인사 관리

- 노동력 관리: 직원의 채용, 교육훈련, 인사배치, 이직, 퇴직 등의 다양한 기능을 효과적으로 수행하기 위한 고용 관리와 개발 관리의 영역을 포괄하는 관리체계

- 근로조건 관리: 고용근로자의 안정적 확보 및 유지발전과 노동력의 효율적 활용을 위한 관리체계로 노동력에 대한 정당한 대가를 지급하기 위한 임금 관리와 복지.

- 노사관계 관리: 노사관계 관리는 임금을 지급받는 근로자와 노동력 수요자 간에 형성되는 관계인 노사 간의 갈등과 분쟁을 해소하고 협력함으로써 기업의 목표를 달성 및 유지발전 할 수 있다.

2) 관리적 인사 관리

- 인사계획: 인사계획은 창업자의 경영이념 및 경영철학과 밀접하게 관련되어 있으며, 인사 관리의 기본 방침인 인사정책으로 고용 관리, 개발 관리, 보상 관리 등 합리적 수행을 위한 직무계획 및 인력계획이다.

– 인사조직: 인사조직은 인사계획단계에서 수립된 인사정책의 기본 방침을 구체적이고 계획적으로 실행하기 위한 인사 관리 활동이며, 체계화 과정으로 인적 자원 관리를 담당하는 업무를 한다.

– 인사평가: 인사계획에 기초한 모든 인적 자원 관리 활동의 실시 결과를 종합적으로 평가하고 정리하며, 개선발전을 이루어가는 인적 자원 관리 과정을 말한다.

3. 인력 관리계획

매장을 운영하게 되면, 필요한 인력수요를 예측을 해야 하며, 이를 예측하기 위해서는 분기별, 계절별 매출을 분석하여 인력수요 기준으로 설정하고, 가족 행사가 많은 달에는 반려동물 선물용으로 많이 찾는 제품의 생산 리스트 및 생산 목표를 설정하여 수요를 예측해야 한다.

예측을 토대로 인력공급방안이 결정되면 인력수용에 따라 계획된 인력공급방안을 실제로 집행을 하여, 인력공급이 효율적으로 이루어질 수 있도록 인력계획을 해야 한다.

인력수요 예측과 인력공급계획에 의해 실행된 결과를 분석하여, 차후 진행을 위하여 문제점과 개선방안을 찾아 인력계획 과정에 자료로 활용한다.

인력을 관리하기 위해서는 기준이 필요한데 효율적으로 관리하기 위한 기준은 다음과 같이 볼 수 있다.

– 효율적인 인력 관리를 위해서 필요한 인력의 자격 기준을 설정하여 선정한다.

– 자격 기준에 따라 필요한 인력을 고용하고, 기준에 맞게 적재적소에 배치한다.

– 고용된 인력에 대하여 매장에 알맞은 교육을 진행하여 현장에 도움이 될

수 있는 전문적인 역량을 갖추도록 한다.

− 배정된 인력에 대해서는 인사 관리 기준에 따라서 평가를 한다.

− 인사 관리 기준에 따라서 좋은 평가를 받은 인력은 그에 상응하는 보상을 한다.

판매 관리

· · · ·

판매 관리는 마케팅의 목표를 설정하고 마케팅 정책과 전략 입안 등을 포함하여, 판매계획, 판매가격, 광고 및 판매전략, 판매촉진, 유통경로 설정 등이 관리 대상이 된다.

1. 마케팅의 기본 개념

마케팅의 정의는 다양하지만 보편적으로 인정하는 미국의 마케팅학회에서 내린 정의는 다음과 같다.

"마케팅은 조직과 이해관계자들에게 이익이 되도록 고객 가치를 창출하고 의사소통을 전달하며, 고객관계를 관리하는 조직 기능이자 프로세스의 집합이다. 이러한 마케팅이 성공하려면 고객의 필요와 시대적인 흐름을 잘 파악하여 최상의 고객 가치를 제공해야 한다." (2004년 AMA: American Marketing Association)

이와 같이 마케팅은 기업이나 조직이 제품, 서비스, 아이디어를 창출하고 가격을 결정하고 고객에게 필요한 정보를 제공하여 소비자가 구매하기까지의 개인 및 조직이 목표를 달성하기 위해 활동하는 모든 것이라 말할 수 있다.

마케팅을 위한 활동으로는 시장 조사, 제품 상품화계획, 판매촉진, 광고 등이 있다. 이러한 마케팅을 위한 활동은 기업에서 해당 업무를 담당하는 부서에서 진행하거나, 전문 마케팅을 하는 기업과 협업 계약을 진행하여, 해당 업무를 진행하기도 한다.

2. 마케팅 전략

마케팅을 위한 환경 분석(SWOT 분석)

1) 내부환경 분석

사업의 전반적인 기능에서 기업의 강점, 약점을 평가하고 내부의 강점을 극대화하고 약점을 해결하기 위한 방안을 세우기 위해 분석한다. 또한 자사의 약점을 분석하여 약점을 보완하고 차별화 전략을 수립하여 경쟁력을 갖춘다.

내부환경요인에는 경영, 마케팅, 회계, 생산, 운영, 연구, 개발이 있다.

2) 외부환경 분석

기업의 성과 달성에 도움이 되는 기회를 체크하며, 피해야 될 위험요소를 분석한다. 거시적 요인으로 고객, 경쟁자, 시장, 산업의 환경을 분석하여, 기회요인으로 활용하며, 성과는 극대화하고 위협요인은 최소화한다.

3) SWOT 분석

SWOT 분석은 4P(상품, 가격, 유통, 촉진), 4C(고객, 비용, 편의, 의사소통) 등의 환경 분석을 통한 강점, 약점, 기회, 위협요인을 찾아가는 요소이다.

SWOT 분석의 전략 수립단계는 다음과 같이 정리할 수 있다.

S+O	• 강점 + 기회 • 시장의 기회를 활용하기 위해 강점으로 기회를 만드는 전략
S+T	• 강점 + 위협 • 시장의 위협을 피하기 위해 강점으로 위협을 피하거나 최소화하는 전략
W+O	• 약점 + 기회 • 약점을 제거하거나 보완하여 시장의 기회를 활용하는 전략
W+T	• 강점 + 위협 • 약점을 최소화하거나 없애는 동시에 시장의 위협을 피하거나 최소화 하는 전략

3. 마케팅 전술

마케팅 믹스는 마케팅 요소를 혼합하여 판매하고자 하는 상품을 소비자가 인식하도록 하기 위한 전술은 1960년대에 제롬 메카시 교수가 제안한 마케팅 믹스 4P(Marketing Mix)이다. 보통 이를 줄여서 4P로 표현하는데 4P는 Product(제품), Price(가격), Place(유통 채널), Promotion(판매촉진) 등 4가지 구성요소의 앞글자 P를 따서 만들었다.

마케팅에서 4P는 마케팅의 대명사라 해도 과언이 아니다. 효과적인 마케팅을 위한 4가지 핵심요소 4P를 어떻게 구사하느냐에 따라 마케팅 효과를 극대화할 수 있기 때문이다.

1) Product: 제품

Product는 고객에게 실제로 판매하는 상품을 의미하며 마케터는 단순히 상품 그 자체만 고려할 것이 아니라 상품이 고객에게 전달되고 나서 사용되고 폐기되는 수명주기도 고려해야 하며, 제품은 상품 서비스, 포장, 디자인,

브랜드, 품질 등의 요소를 포함한다.

- 우리의 제품을 통해 고객은 어떤 니즈를 달성하기를 기대하는가?
- 고객이 실제로 사용하지 않을 기능을 포함하고 있는지(사용하지 않는 기능은 가격만 올릴 뿐)
- 고객은 우리의 제품을 언제 어디서 어떻게 사용하는가?
- 우리의 제품은 어떻게 보일 것인가? 그리고 이를 사용한 고객은 어떤 경험을 할 것인가?
- 우리 제품의 디자인은 어떠한가? (크기, 색상 등)
- 우리 제품을 뭐라고 불리게 할까? (상품명 등)
- 경쟁사의 제품과는 어떻게 차별화시킬 것인가?

2) Price: 가격

Price는 제품가격을 의미한다. 통상 고객이 느끼는 가치에 비해 가격은 낮게, 생산비용보다는 높게 매겨져야 한다는 것이 마케팅의 기본이다.

- 구매자가 인식하는 우리 상품의 가치는 무엇인가?
- 기준을 삼을만한 가격대가 있는가?
- 우리 상품과 관련하여, 고객이 보통 가격에 민감한 편인가?
- 경쟁사와 비교하여 우리 상품의 가격은 어떠한가?

가치와 비용의 중간 정도로 가격을 책정하라는 것이 판매전략에 중요하며, 기업은 이윤 및 판매 극대화, 경쟁자 진입 규제 등 시장 전략에 따라서 다음과 같이 가격을 달리 책정하기도 한다.

- Skimming: 비싸게 파는 고가화 전략
- Penetration: 싸게 파는 침투 전략
- Competitive Pricing: 경쟁사와 관계를 이용한 가격 전략

3) Place: 장소

Place는 기업이 제품을 판매하거나 유통시키는 장소를 의미한다. 그 장소가 최근에는 백화점 매장 등 물리적 장소였으나 스마트폰이 일상에 활성화되면서 온라인상의 장소까지 포함하게 되었다.

단순히 물건을 파는 장소만을 뜻하는 것이 아닌, 고객과의 접촉이 이루어지는 부분의 전체적인 유통경로를 포함한다. 생산자부터, 도매상, 소매상을 거쳐 소비자한테 전달되는 전 과정을 말한다.

- 고객은 우리 제품을 어디에서 찾는가?
- 오프라인 온라인, 어떤 형태의 점포로 판매하는가?
- 우리 상품에 가장 적합한 유통채널에 어떻게 접근할 것인가?
- 경쟁사는 어떻게 유통하는가? 경쟁사와 어떻게 차별화할 수 있는가?

4) Promotion: 판매촉진

Promotion은 광고, PR 다이렉트 마케팅 등 고객과의 소통을 말한다. 고객과 이뤄지는 다양한 소통의 방식을 말하며 기업은 다양한 기법으로 고객에게 제품을 각인시키기 위해선 늘 새로운 판매촉진 전략을 생각하고 준비해야 한다.

- 언제, 어디서, 어떠한 목표 시장에 마케팅 메시지를 전달할 것인가?
- 어떤 채널(SNS)을 통해 잠재고객에게 다가갈 것인가?
- 집중적으로 홍보하기에 최적의 조건과 시간은 언제인가?
- 경쟁사는 주로 어떻게 홍보 활동을 진행하는가? 경쟁사의 홍보 활동이 우리에게는 어떤 영향을 미치는가?

이와 같이 마케팅 믹스 전략은 이 모든 요소를 조화롭게 구성하는 것이 핵심이다. 즉, 제품, 가격, 유통, 판매촉진 등을 일관된 방향으로 흐르게 만드는 것이다.

기업이 고객에게 전달하고자 하는 가치(제품)를 만들어 고객이 지불하는 비용(가격)과 교환하고 전달하는 경로(유통)를 선택하여 알리는 것(판매촉진)이라고 할 수 있다.

현대에 와서 여러 학자들이 전통적인 4P로만 마케팅을 하는 것이 다원화된 현대사회에 알맞지 않는다며 과정(Process), 물리적 근거(Physical evidence), 사람(People)의 3가지 요소를 더한 7P 전략을 제안해 널리 사용하고 있다.

7P로 확장된 마케팅 믹스는 물리적인 제품이 아닌 서비스 제품의 마케팅 전략을 좀 더 세밀하게 수립할 수 있게 되었다.

5) People: 사람

모든 회사는 일선 영업 직원에서 임원까지 회사를 경영하는 사람들에 의존한다. 일하는 사람은 제품, 서비스, 비즈니스의 가치를 제공하는 주체이기 때문에 회사가 올바른 사람들을 확보하는 것이 필수적이다.

6) Process: 프로세스

서비스에서 이를 어떤 과정과 절차를 통해 제공하느냐 서비스 그 자체와 떼려야 뗄 수 없는 것이다. 따라서 서비스 제공방식은 소비자가 지불하는 비용의 일부이므로, 어떻게 서비스와 제품을 소비자에게 제공할 것인지 생각해야 한다.

7) Physical evidence: 물리적 증거

소비자가 구매하는 서비스가 무형인 경우에도 모든 서비스에는 일부 물리적 요소가 포함되어 있다는 점을 간과해서는 안 된다.

예를 들어 애견 미용실은 반려견에게 다듬어진 스타일을 제공하고, 펫 유치원은 반려인을 대신하여 일정 시간 안전하게 보호해주는 물리적 제품을 제공한다.

4. 마케팅 4C

환경의 변화에 따라 새롭게 마케팅 전략으로 추가된 개념이 마케팅 4C이다. 앞서 마케팅 4P가 기업 중심의 마케팅 전략이었다면, 4C는 고객의 관점에서 모든 것을 바라보고 전략을 수립하는 것이다.

마케팅 4C의 각 단계는 기존 4P의 단계를 관점을 달리하여 본 것이므로, 제품은 고객 가치, 가격은 고객 측의 비용, 유통은 편리성, 판매촉진은 고객과의 소통으로 각 단계마다 개념이 연결된다.

1) Customer Value: 고객 가치

과거에는 제조업 중심의 제품이 대량생산하는 시대였다면, 현재는 제품도 소비자 맞춤형으로 진화되고 있다. 따라서 기업은 고객이 원하는 것이 무엇인지 파악하고 각각 고객이 만족할 수 있는 제품에 가치를 부여해야 한다.

이러한 고객의 니즈(needs)를 파악하기 위해서는 무엇보다 고객에 대한 철저한 조사가 선행되어야 한다.

2) Cost to the Customer: 고객 측의 비용

이제는 기업의 입장에서 원가와 마진의 원리에 따라 가격을 책정하는 것이 아닌, 소비자 입장에서 느끼는 부담을 고려하여 가격을 책정해야 한다. 한번 수립된 가격정책은 마케팅 전반에 큰 영향을 미치기 때문에 신중하게 책정해야 한다.

3) Convenience: 편리성

편리성에 대한 영역은 기존 마케팅 4P 중 하나인 유통에 대응하여 언급된 개념이다. 즉 기존 유통이 제품을 어떠한 경로를 통해 고객들이 방문하는 매장까지 전달할 것인가를 고려했다고 하면, 이제는 고객이 어떻게 최대한 집에서 편하게 제품을 받아볼 수 있는지를 고민하는 것이다.

이와 같이 소셜커머스 시장에서는 마켓컬리 새벽배송을 시작으로 쿠팡의

로켓배송 등이 있다.

4) Communication: 고객과의 커뮤니케이션

의사소통은 기업과 고객이 서로 평등한 상태를 전제로 상호작용하는 것이다. 고객이 원하는 것을 듣고 참고하여 이를 토대로 최대한 제품과 서비스에 반영하고자 하는 노력을 예로 들 수 있다.

현재는 스마트폰이 활성화되어가면서 다양한 채널(블로그, 페이스북, SNS, 인스타그램)을 통해 소통이 가능하며, 기업이 직접 쇼핑 라이브 방송도 할 수 있으며, 그 방송을 통하여 실시간으로 만족도 확인도 가능하다.

5. 마케팅 관리

먼저 창업하려는 지역 상권을 분석 시 시장에 가장 적합한 마케팅 분석기법으로 시장을 파악한다. 그 후 지역 인구 통계를 소상공인상권 분석 시스템을 이용하여 파악하며, 고객과 계층별 소비자 니즈를 분석한다.

마케팅 활동 수행 시 상권 분석, 거주민 분석, 이에 따른 고객 욕구를 기초로 하여, 판매하려는 제품 마케팅 활동을 수행한다.

고객 관리

. . .

운영에 있어서 궁극적 목적은 이익을 창출하는 것이며, 이를 위해서는 고객을 만족시켜야 한다. 이러한 고객의 욕구를 충족시키고 고객만족을 실현하기 위해서는 기본적인 3요소가 필요하다.

첫 번째로 하드웨어 부분으로 매장의 시설, 인테리어, 분위기, 주차 시설및 편의 시설을 말한다.

두 번째로 소프트웨어 부분은 그 매장에서 취급하는 상품과 서비스, 예약

관리 및 고객 관리 시스템 등 보이지 않는 무형의 요소를 말한다.

세 번째로 휴먼웨어 부분은 컴퓨터로 예를 든다면 사용자에 해당된다. 매장에서 일하고 있는 직원들의 서비스 마인드와 접객방식, 행동매너, 대처능력 등 인적 자원요소를 말한다.

이 모든 것을 잘 갖추어 아름다운 하모니를 만들어낼 때 비로소 고객을 만족시키며 더 나아가 고객감동을 이끌어내는 역할을 한다. 그로 인하여 충성고객확보를 할 수 있으며, 매출 상승으로 이어질 수 있다.

1. 고객만족

고객만족(customer satisfaction)의 개념은 제공한 제품과 용역 서비스에 대한 고객의 기대에 부응함으로써 그것이 고객의 사회적, 심리적, 물질적 만족감을 주고, 충성고객을 확보하며, 지속적인 재구매 활동과 수평적 인간관계를 형성하는 신뢰감이 이어지는 상태를 말한다.

따라서 구매고객은 기대 이상의 제품과 서비스를 받게 되면 만족과 감동을 하게 되고 나아가서 매장에 충성하는 충성고객이 된다. 하지만 이를 충족시키지 못하면 고객의 만족도가 떨어지게 되며, 고객 확보가 어려워진다.

고객의 기대수준은 개인마다 다르므로 지속적으로 고객의 욕구와 수준을 파악하고 대응해야 고객만족도를 높일 수 있다. 즉 순간의 만족으로 끝나는 것이 아니라 그것을 어떻게 지속적으로 유지할 수 있을지 생각을 하는 것이 진정한 고객만족이라고 할 수 있다.

펫 매장을 창업하여 성공하기 위해서는 다른 매장과 차별된 특별한 메뉴를 개발하는 것도 중요하지만 가장 중요한 것은 바로 고객 관리다. 사업을 할 때 고객이 없는 사업은 상상할 수 없듯이 지역주민이나 단골고객을 상대하게 되는 소규모의 매장이라면 고객 관리가 핵심적인 성공요인으로 작용할 수 있다.

적극적으로 고객 관리를 하지 않으면 같은 지역에 있는 다른 동종업체와 치열하게 경쟁하는 상황에서 고객을 다른 경쟁업체로 보내는 결과를 낳을 수 있기 때문이다.

따라서 어떻게 고객 관리를 해야 하는지 관리자는 늘 생각하고 알아야 한다.

2. 고객만족 서비스

펫 매장의 운영 경영의 핵심은 고객만족이다. 충성고객층과 신규고객의 반복구매를 통해 매출이 발생하기 때문이다.

새로운 고객을 창출하는 것은 기존 고객을 유지하는 것보다 더 많은 노력과 시간 그리고 비용이 발생한다. 따라서 기존의 고객이 계속해서 재방문하여 충성고객이 되도록 다양한 신제품 개발과 다양한 이벤트를 해야 한다.

고객만족은 고객의 기대가치에 따라 다르지만, 제품을 구매하거나 좋은 서비스를 받은 후에 느끼는 가치보다 기대가 컸을 경우 고객은 불만을 느끼고 재방문을 하지 않는다. 그러나 매장 이용 후 느끼는 가치가 전보다 클 경우에는 고객이 감동을 하며, 지속적으로 구매하고 재방문을 하는 충성고객이 된다.

3. 방문 고객만족도를 높이기 위한 10가지 서비스 전략

매장을 운영하면서 가장 효과적인 고객만족 경영은 고객들에게 기대 이상의 만족감을 주는 서비스부터 시작된다.

평소 고객들이 매장을 이용하면서 제품이나 서비스에 대하여는 인지하고 있다. 이 모든 것을 완벽하게 서비스하기 위해서는 고객이 매장에 들어설 때부터 모든 것이 이행되도록 최대한의 노력을 기울여야 한다.

첫 번째, 자주 오는 고객을 알아보고 고객에게 먼저 다가가라.

우리가 자주 가는 매장에서 직원이 나를 알아봐 준다면 그만큼 더 좋은 서비스는 없을 것이다. 특히 자주 구매하는 제품 그리고 반려견 종을 기억해준다면 특별한 느낌을 받을 것이다. 그리고 매장을 방문한 고객에게 진실된 마음에서 나오는 참다운 미소, 따뜻한 인사, 그리고 고객과의 상호교류가 고객 만족 서비스의 시작이다.

두 번째, 첫인상을 좋게 하라.

매장을 방문한 고객에게 첫인상을 나쁘게 주면 이를 만회할 기회가 좀처럼 오지 않는다. 고객이 겪게 되는 첫 경험은 그의 마음에서 좀처럼 지워지지 않으며, 그로 인하여 재방문을 하지 않기 때문이다.

고객이 받는 첫인상은 매장에 발을 들여놓기 전에 벌써 시작된다. 직원들의 인사는 매장을 들어오는 순간부터 시작된다.

세 번째, 고객의 기대감, 기대 가치를 충족시키자.

고객은 불편을 끼치지 않는 안락한 서비스환경을 원한다. 그들은 영업 전략이나 운영방법 등 관리 시스템 모든 것에 관심이 없다. 고객이 원하는 것은 오직 불평할 것 없이 자기가 원하는 서비스 만족과 기대 욕구만 충족되기를 원한다.

네 번째, 고객의 마음을 읽고 서비스를 제공하자.

고객은 생각보다 소소하며 작은 서비스를 준다면 만족을 한다. 그렇기 때문에 가능한 한 적은 노력과 수고가 들어가더라도 포장서비스, 배달서비스, 맛보기 간식 등 고객의 마음을 읽고 서비스를 제공하자.

작은 것 하나하나를 세심하게 배려하고 판매한다면 고객은 매장에 단골고객 또는 충성고객이 될 수 있다.

다섯 번째, 고객의 의사결정에 도움을 주자.

매장을 방문한 고객들은 자기가 스스로 결정을 대부분 하지만, 더 좋은 결정을 하기 위해서 무엇인가 도움을 받고자 한다. 더구나 제품에 자세한 내용을 잘 모를 때가 있기 때문이다.

이럴 경우 고객이 요구하기 전에 먼저 직원이 도움을 주어서 고객의 의사결정을 돕자. 이때 중요한 것은 판매 위주보다는 정보전달을 통한 제품 권유를 통하여 고객이 결정을 할 수 있도록 도와주는 것이 목적이다.

여섯 번째, 고객의 눈높이로 의견에 초점을 맞추어라.

고객들은 펫 매장을 바라보는 시점이 객관적으로 어떤 견해를 가지고 있고 어떠한 목적으로 방문을 한지 고객의 입장으로 눈높이를 맞춰 의견을 듣자.

펫 매장을 방문한 고객들이 다 똑같은 생각으로 방문하지는 않는다. 객관적인 판단을 하는 것은 펫 매장이 아니라 고객이다. 따라서 고객의 의견에 초점을 맞춘다.

일곱 번째, 기다려주는 고객의 시간을 중요하게 생각하라.

구매를 위해서 기다리다 보면, 그 시간은 실제보다 4배쯤 길게 느껴진다고 한다. 예로 배고플 때 매장을 방문했을 때 음식을 기다리면 시간이 진짜 느리게 가는 게 느껴진다.

그렇게 생각하면 고객의 심정을 이해할 수 있을 것이다. 기다리는 고객은 실제보다 시간이 길게 느껴지므로 신속한 서비스를 제공하여 방문한 고객의 시간을 아껴주자.

여덟 번째, 고객에게 기억하고 싶어 하는 좋은 서비스를 선물하자.

매장을 방문한 사람들은 누구나 기억나는 서비스가 하나씩 있다. 그리고 그 좋았던 기억을 통해 다시 한번 방문하고 싶게 된다.

이러한 원리에 따라 매장을 다시 찾아오도록 고객에게 즐겁고 기억하고 싶은 서비스를 선물하라. 이는 매장의 단골고객을 만드는 기초가 된다.

아홉 번째, 나쁜 경험을 하지 않도록 노력하자.

고객은 매장을 방문했을 때, 기분 나쁜 경험을 기분 좋았던 경험보다 더욱 오랫동안 기억한다. 또한 그 기분 나쁜 경험에 관하여 더 많은 사람들에게 이야기함으로써 매장 이미지를 나쁘게 하는 결과를 가져올 수 있다.

통계에 의하면 고객이 좋은 기억보다 나쁜 기억을 잊지 못하는 비율이 2배 이상으로 나와 있다. 그러므로 방문한 고객이 기분 나쁜 경험을 하지 않도록 더 신경 쓰고 노력해야 한다.

열 번째, 항상 고객을 생각하자.

고객과의 모든 서비스가 끝나고 매장을 나가지만, 직원이 고객에게 제공한 기분 좋은 서비스 덕분에 고객이 한 번 더 고맙게 느낄 수 있도록 하자.

고객이 지불한 금액에 대해서만 고맙게 생각하면 안 되고, 고객을 통해 홍보, 그리고 방문고객들의 약속 그리고 고객을 위한 다음 서비스에 대한 생각을 꾸준히 하여, 다시 한번 고객이 방문하게 되면, 더 고맙고 즐거운 마음으로 매장을 나갈 수 있도록 하자.

운영 관리를 위한
체크 리스트

사업을 시작을 하게 되면 운영에 있어서 다양한 돌발 변수가 발생하기 마련이다. 평소 개점과 운영 관리의 체크 리스트를 작성하여 업무를 수행함으로써 업무 효율성을 높이고 직원 관리에 있어서 생기는 리스크를 최소화할 수 있다.

개점과 폐점 관리 체크 리스트

예비창업자의 경우 경험 부족으로 인해 운영하면서 다양한 변수들이 발생한다. 매장 전기 관리, 수도 잠금 상태, 식자재 주문 발주 등 영업 전반에 걸쳐 예상치 못한 실수가 발생하는데, 이를 방지하기 위해서 꼭 필요한 것이 관리 체크 리스트다.

QSC

· · · ·

성공적인 사업의 기본인 Quality(품질), Service(서비스), Cleanliness(청결) 줄여서 QSC라고 이야기한다.

Q는 매장에서 제공되는 제품의 품질을 뜻하며, 표준화된 맛, 상태, 모양, 제품의 품질을 결정하는 개인의 가공 기술 및 지식 등이 포함된다.

고객이 매장에 방문하는 근본적인 이유는 좋은 품질의 제품을 구매하기 위한 요소이기 때문에 더욱 신경 써야 한다.

정품, 정량, 정순이라는 단어로 표현되기도 하며, 이 매장에 오면 일정한 품질의 제품을 구매할 수 있다는 고객의 문제 해결 욕구를 충족시키기 위한 요소라고 이야기할 수 있다.

그러므로 효율적인 매장 관리를 위해서는 관리자가 일주일에 최소 2회 이상 작성하며, 가능한 수시로 확인하여 지적사항을 즉시 조치하도록 한다.

S는 매장에 근무하는 응대 직원과 관리자의 고객 응대 역량을 이야기한다. 방문한 고객이 응대 직원의 서비스 마인드, 복장, 태도, 서비스 화법, 표정 등에서 친절함을 느꼈다면 고객만족을 충족시켰다고 할 수 있다.

서비스요소는 품질요소와 비교했을 때 휴먼웨어적인 성격이 강하다. 따라서 응대 직원 개인의 서비스 역량에 따라 고객서비스 제공의 수준이 많은 차이를 보이기 때문에 철저한 체크 리스트를 정의하는 게 필요하다.

또한 주관적인 수치나 기준이 확립이 품질요소에 비해 어렵기 때문에 최대한 알기 쉽고, 행동하기 쉬운 방식으로 체크 리스트를 작성하는 것이 좋다.

C는 매장환경에 대한 위생, 안전을 뜻한다. 매장 근무자의 개인위생에 관련된 항목을 기본으로, 매장 시설과 집기 등이 청결하게 유지되는지, 파손되거나 노후화된 기물이 안전하게 유지 보수하는지를 관리한다. 매장 운영 시 고객 입장에서도 생각을 해야 한다. 깨끗한 환경에서 안전하게 제품을 구매하고자 하는 아주 기본적인 고객만족요소를 실현해주는 요소라고 할 수 있기 때문이다.

구분	OPEN	담당확인	CLOSE	담당확인
1	매장을 열고 보안장치를 해제한다.		방문 중인 고객에게 영업 종료시간을 알린다.	
2	매장 내 조명을 확인한다.		내일 사용할 재료와 필요한 제품 확인하고, 주문한다.	
3	날씨를 확인하고, 어둡다면 외부 간판을 켠다.		외부 POP를 내부로 들여놓는다.	
4	주방과 매장 전반전인 안전 관리 상태를 확인한다.		최소한의 외부조명을 제외한 조명을 소등한다.	
5	매장을 환기시키며, 영업 중이라는 팻말로 바꾼다.		매장 전체적으로 청소하고, 집기류를 세척 정리한다.	
6	매장 외부 시설물을 확인한다.		가스 설비의 잠금 상태를 확인한다.	
7	예약일지 확인하며, 우선 처리 업무를 확인한다.		상수도의 잠금 상태를 확인한다.	
8	전날 영업 종료 후 미진한 부분을 먼저 해결한다.		화장실의 청결 상태를 확인한다.	
9	식자재 발주 부분을 확인한다.		생산 시설 최종 상태를 확인한다.	
10	매장 청소 및 화장실 점검을 한다.		분실물 및 매장 상태를 점검한다.	
11	포스 시재 확인 및 단말기 작동 여부를 확인한다.		마지막 고객이 매장을 나간 후 정산 마감한다.	
12	마감 시 전달되어 있는 내용을 확인한다.		최종 점검을 통해 내일 업무사항을 전달한다.	

▲ Q.S.C 체크 리스트

구분	점검사항	양호	불량	조치	비고
1	식자재는 상태는 양호한가?				
2	재료는 레시피대로 사용하고 있는가?				
3	식자재 선입, 선출 관리는 잘 되고 있는기?				
4	제품의 상태는 일정하게 유지되고 있나?				
5	생산 순서가 레시피와 동일한가?				
6	생산 기술과 숙련도는 일정 수준인가?				
7	직원 복장 상태는 양호한가?				
8	종사자의 용모, 위생 상태는 양호한가?				
9	고객 응대 준비가 되었는가?				
10	매장 앞은 깨끗하게 정리되어 있는가?				
11	매장 내부 기물의 청결 상태는 확인했는가?				
12	매장 외부의 청결 상태가 유지되는가?				
13	출입문 손잡이 상태는 확인했는가?				
14	내부 조명 상태는 어떠한가?				
15	내부 바닥 상태는 어떠한가?				
16	POP의 상태는 양호한가?				
17	냉, 난방 상태는 양호한가?				
18	매장 설비(기계) 상태는 이상 없는가?				
19	결제 단말기 상태는 양호한가?				
20	카운터 정리는 양호한가?				
21	매대 상태는 양호한가?				
22	홀 테이블 상태는 양호한가?				

체계화된
경영 시스템

매장을 통해 영업을 하는 만큼 유일한 수익 발생원은 매장을 방문한 고객이다. 따라서 무엇을 어떻게 팔 것인가를 결정하기 전에 고객이 무엇을 원하는가를 먼저 파악해야 한다

CRM으로 고객의 가치만족을 극대화시킨다

• • • •

고객이 없는 사업은 상상할 수도 없기에 창업자는 고객 확보를 위해 온갖 수단과 방법을 모두 동원하고 있다. 그중 하나가 바로 고객 관리 CRM이다.

CRM은 Customer Relationship Management를 줄여서 이야기하며, 이는 기업이 고객과 관련된 내, 외부 자료를 분석하고 통합하여 고객 중심 자원을 극대화하고 이를 토대로 고객 특성에 맞게 마케팅 활동을 계획, 지원, 평가하는 과정이다.

고객 데이터를 세분화하여 신규고객 확보, 우수고객 유지, 고객 가치 증진, 잠재고객 활성화, 평생고객화 같은 사이클을 통하여 고객 관리를 적극적으로 유도한다.

기존 마케팅이 단발적인 마케팅 전술이라고 하면 CRM은 고객과의 지속적인 관계를 유지하면서 한번 고객은 평생고객이 될 수 있는 기회를 만들어, 평생고객화를 통해 고객 가치를 극대화시키는 전술이다.

CRM은 고객의 정보, 즉 데이터베이스를 기초로 고객을 세부적으로 분류하여 효과적이고 효율적인 마케팅 전략을 개발하는 경영 전반에 걸친 관리 체계이며, 이를 정보 기술이 밑받침돼 구성된다.

CRM을 구현하기 위해서는 고객 통합 데이터베이스(DB)가 구축돼야 하고, 구축된 DB로 고객 특성(구매패턴, 취향)을 분석하고 고객 개개인의 행동을 예측해 다양한 마케팅 채널과 연계돼야 한다.

1. POS 시스템을 활용하자.

이제는 작은 매장에도 고객 관리가 필요한 시대이다. 하지만 이를 실행에 옮기는 경영자들은 그다지 많지 않다. 의외로 구체적인 실행방법을 모르거나 비용 부담 때문에 주저하는 사람들이 많다.

그로 인하여 여전히 많은 관리자들이 주먹구구식으로 고객을 관리하고 있다. 하지만 CRM의 중요성을 인식하고 차별화된 고객 중심의 마케팅을 전개하기 위해 POS(Point Of Sales System: 판매시점 관리 시스템)을 도입하는 매장이 늘어나고 있다.

매장에서도 POS 시스템을 활용하여, 매출, 재고, 고객 관리를 하는 것이 보편화되고, 과거 수백만 원 하던 POS의 가격도 많이 저렴해지거나, 계약을 통한 무상 사용도 가능하다.

펫 매장은 고객과 직접적인 접점이 있는 업종이기 때문에 고객에게 다양한 정보를 제공하고 호의적인 관계를 유지한다면, 직접적인 구매 활동으로 연결이 되기 때문에 무엇보다 중요하다.

고객에 대한 대응을 신속하게 처리하지 못하면, 바로 외면당하는 것이 펫 매장이기 때문에 POS 시스템을 적극 활용하여 고객 관리를 하자.

2. 경영에 부족한 점을 보완하자.

지금은 창업 시장은 과도한 경쟁이라 볼 수 있다. 창업의 홍수 속에 다양한 분야의 창업이 이루어져 공급 시장만 확대되고 있다. 그래서 남과 달라야 생존할 수 있는 시장이 형성되었다.

펫푸드 매장은 다양한 형태로 변모하고 있고 차별화를 위해 몸부림을 쓰고 있지만, 효과에 대해서 아직 뚜렷하게 나타나는 것은 없다. 벤치마킹을 통한 따라 하기가 일상화되었기에 또 다른 변화를 통해 부단히 노력할 수밖에 없는 게 현실이다.

충분한 준비를 통해 안정적인 매장을 완성했다고 하더라도 안심할 수 없는 것이 시장 상황이다. 경쟁업체의 움직임을 살펴 이에 대비하는 것이 매우 중요한 전략이다.

3. 충성도 높은 고객을 만들자.

성공적인 매장을 운영하기 위해서는 고객 관리 전략이 필요하다. 효과적인 관리를 위해서는 고객 맞춤 전략을 활용하여 충성도 높은 고객을 확보하자.

특히 '철새고객'이란 표현을 쓰지만, 이 고객들은 더 좋은 서비스를 제공받기 위해서 자기와 맞는 매장을 찾아가는 고객이다. 이들에게 만족감을 제공한다면, 철새에서 텃새로 그냥 방문한 고객에서 단골고객으로 바뀔 수 있다.

특히 트렌드에 민감한 업종인 만큼 차별화된 주제를 갖고 운영되지 않는 한 이런 사항으로부터 자유롭지 못하다.

상황에 따라 다르겠지만 개업 1년은 호황을 누리다 1년이 지나면서 매출이 점점 감소하게 되며, 또다시 트렌드에 맞게 준비를 하다 보면, 신규 출범한 경쟁 점포와 나눠 먹기 경쟁이 되어 매출 타격이 크다.

보통 주요 상권에 있는 펫 매장이 대부분 이러한 전철을 되풀이하며 영업을 이어가고 있는 것이 현실이다.

그러므로 더욱더 단골고객의 확보가 중요하다.

일반적으로 비공식적이긴 하나 점포의 경우 권리금이 형성되는데 권리금의 가치를 평가하는 입지, 시설, 영업 권리금 중에서 영업 권리금을 형성시킬 수 있는 운영자가 진정한 사업가라 할 수 있다. 영업 권리금이란 무형의 가치에 대한 평가는 사업자의 사업 능력을 통해서 확보된 단골고객의 수요, 즉 고정적인 매출을 근거로 한다.

4. 최고의 디스플레이는 고객이다.

매장을 운영하면 최고의 경쟁력은 고객이다. 고객이 있는 곳에 고객이 모이는 법이기 때문에 언제나 매장을 돋보이게 해주는 디스플레이다.

인간은 관계의 동물이다. 고객과의 연결고리를 단단하게 묶어놓을 줄 알아야 진정한 사업자라 할 수 있을 것이다.

창업을 준비할 때 처음부터 차별화된 콘셉트로 월등한 시설 경쟁력을 확보한다면, 10년 이상도 시설 변경 없이 영업을 지속해오는 매장도 있을 것이며, 그런 곳은 월등한 시설 경쟁력 외에 차별화된 고객 관리를 통해서 고객에게 만족을 주고 있으며, 고객이 만족할만한 환경을 지속적으로 만들어주고자 하는 노력을 한다.

5. 첫 방문고객을 단골고객으로 만든다.

단골고객이 늘어날수록 매출은 더욱 늘어나며 사업은 안정적으로 성장한다. 신규고객을 유치하는 것 바로 업소를 첫 방문한 고객을 단골고객으로 만드는 것이 더욱 중요하다. 그렇다면 단골고객을 확보하기 위해 어떻게 해야 될까?

고객 관리를 위한 다양한 프로그램이 개발되고 있지만, 나만의 단골고객을 만들기 위한 프로그램은 찾기가 힘들다. 특히 고객 관리 개념이 아닌 고객이 적극적으로 참여할 수 있는 고객 관리 프로그램을 만들어야 한다.

즉 고객이 자발적으로 참여하여 매장 기여도를 높일 수 있도록 만드는 것이며, 이를 통해 고객 충성도를 평가할 수 있다.

최근에 인터넷 SNS를 활용한 홍보를 통하여 실시간 소통을 할 수 있으므로, 충성도 높은 단골고객 확보를 위해 관리 매체를 관리에 힘써야 한다.

6. 고객의 마음을 잡자.

지금은 스마트폰 보급으로 웬만한 장소에 있는 매장도 각기 홍보를 할 수 있는 다양한 채널이 존재하고 있다. 이 채널을 통해서 내가 스스로 홍보를 할 수 있고, 방문한 고객이 홍보를 할 수도 있다.

그럼 방문한 고객이 홍보해줬는데 어떠한 보답을 하면 될까?

그건 관심을 준 고객에게 관심을 보여주는 것이다. 특히 실시간 소통이 가능한 SNS를 이용하는 게 가장 효율적이며, 즉각적인 반응을 확인할 수 있어 빠르게 피드백을 할 수 있다.

사용자가 많이 이용하는 인스타그램, 페이스북, 트위터, 카카오톡 친구, 그 외를 통하여 매장 홍보 및 매장 정보를 명시하는 것이 좋으며, 자사 홈페이지를 만들어 충성고객 관리에 신경 쓰도록 한다.

결국 고객의 마음을 잡으려면 시대적 상황에 따른 트렌드를 파악하여 고객의 니즈를 충족시켜주는 것이야말로 잘되는 집의 비결인 것이다. 시대적 상황과 요구를 상권에 맞추는 것이 고객의 마음을 잡는 첫걸음이다.

또한 고객 관리는 지속적으로 이뤄져야 한다는 점을 명시해야 하며, 고객에게 관심을 덜 갖게 된다면, 고객은 언제든지 그곳을 떠날 수 있다는 점을 잊어서는 안 된다.

위생과
청결 관리

대부분의 제품생산은 사람 손에 의해 만들어지므로 생산 종사자는 건강하고 위생적인 사람이어야 하며, 매장 근무자도 기본적인 위생 관리방법을 숙지하여 위생의 실천을 생활화하여야 한다.

개인의 위생 관리

• • •

청결 단정한 용모, 개인의 위생 관리는 고객의 안전을 지키는 것이며 안전한 제품을 생산에 있어서 가장 기본적이면서 매우 중요한 요소이다. 근무자의 건강진단, 개인위생 관리, 복장 등에 대하여 철저히 해야 된다.

1. 건강 확인

종사자를 채용 시 식품위생법 시행규칙 제34조에 의한 건강진단서(보건증)를 통해 건강 상태를 확인할 수 있다. 이를 통하여 생산 근무 종사의 가능 여부를 확인할 수 있으며, 다음과 같은 건강 상태 이상자는 근무를 할 수 없다.

- 소화기계전염병 환자 및 보균자
- 결핵 및 성병 환자
- 피부병 및 화농성 질환자

매장 종사자는 식품위생법 규정에 의거하여 1년에 한 번씩 건강진단을 받아 그 내용을 건강진단결과서(보건증)를 기록하여 매장에 보관을 해야 한다.

건강진단결과서에는 성명, 다음 검진일, 이상 여부가 기록되어야 한다.

2019년 코로나 같은 전염병의 대유행이 발생되어 건강검진을 받기 힘들게 될 시 임시 건강진단을 받도록 하여 근무자 건강 이상 여부를 확인한다.

- 매일 작업하기 전 관리자는 근무자의 건강 상태를 확인한다.
- 설사, 발열, 복통, 구토하는 직원은 식중독이 우려되므로 생산 업무에 참여시키지 말고, 가까운 병원에 가서 진단을 받도록 한다.
- 본인 및 가족 중에 법정전염병인 콜레라, 이질, 장티푸스 보균자가 있거나, 발병한 경우에는 완쾌될 때까지 작업을 금지한다.
- 손, 얼굴에 상처나 종기가 있는 직원은 가급적 생산 업무를 담당하지 않도록 근무를 조정한다.

2. 개인위생 관리

식품을 취급하는 식품 관련 종사자는 개인위생이 식품의 안전성에 큰 위험을 초래하는 오염원이 될 수 있으므로 주방에 들어가는 순간부터 나갈 때까지의 전 과정을 위생 원칙에 따라 행동하고 개인위생 수칙을 철저히 지켜 안전하도록 행동을 해야 한다.

기본적으로 땀을 많이 흘리므로 매일 샤워를 하며, 두발은 청결히 하고 위생 모자 밖으로 나오지 않게 한다. 손톱은 주 1회 짧게 정리하고 매니큐어 칠은 하지 않는다. 손톱 밑은 이물질이 끼기 쉽고 세균이 잠복하기 쉬우며, 긴 손톱인 경우 부러져서 식품에 들어갈 수 있기 때문이다.

장신구는 금하며, 지나친 화장이나 향수, 인조 속눈썹, 인조 손톱 등의 부착물은 사용을 금한다.

3. 올바른 손 씻는 방법

우리 손에는 육안으로 확인되지 않는 많은 미생물들이 존재하여, 작업과정에서 식재료, 식기구, 음식 등에 오염되어 식중독을 일으킬 수 있다. 이러한 미생물들을 제거하기 위해서는 올바른 손 씻기가 중요하다.

그러기 위해서 다음과 같은 순서로 손 씻는 걸 추천한다.

첫 번째, 손 표면의 지방질 용해와 미생물 제거가 용이하도록 38~40℃ 정도의 온수를 사용한다.

두 번째, 손을 적시고 비누는 거품을 충분히 내어 팔 윗부분과 손목을 거쳐 손가락까지 깨끗이 씻고 반팔을 입은 경우에는 팔꿈치까지 깔끔하게 씻는다.

세 번째, 손톱 솔을 이용하여 손톱 밑, 손톱 주변, 손바닥, 손가락 사이 등을 꼼꼼히 문질러 눈에 보이지 않는 세균과 오물을 제거한다.

네 번째, 손을 물로 헹구고 다시 비누를 묻혀서 20초 동안 서로 문지르면서 회전하면서 씻는다.

다섯 번째, 흐르는 물로 비누거품이 손에 없도록 충분히 헹군다.

여섯 번째, 온풍건조기나 깨끗한 종이타월 등을 이용하여 물기가 없도록 제거한다.

일곱 번째, 손 소독 시 에틸알코올을 손에 충분히 분무한 후 자연건조 한다.

손 씻기를 했지만, 다음과 같은 일은 했으면, 손을 다시 씻어야 한다.

첫 번째, 작업 시작 전 화장실을 이용했을 경우

두 번째, 작업 중 미생물 등에 오염되었다고 판단되는 기구 등에 접촉한 경우

세 번째, 청소도구를 사용하거나 쓰레기 정리를 한 경우

네 번째, 오염작업 구역에서 비오염작업 구역으로 이동하는 경우

다섯 번째, 육류, 어류, 계란껍질 등 미생물의 오염원으로 우려되는 식품을 사용한 경우

여섯 번째, 귀, 입, 코, 머리 등 신체 오염이 일어날 수 있는 일부를 만졌을 경우

일곱 번째, 염증 또는 감염 증상이 있는 부위를 만졌을 때

여덟 번째, 음식물 처리하거나 식기를 세척한 경우

아홉 번째, 식사를 한 경우 또는 차를 마신 후

열 번째, 전화 또는 핸드폰 사용한 경우

열한 번째, 외부 포장실에서 제품검수를 한 경우

열두 번째, 코를 풀거나 기침, 재채기를 한 경우

이와 같은 행동을 한 경우 다시 한번 손을 깨끗하게 세척을 하는 게 좋다.

식품을 생산하는 근무자는 다음과 같은 개인행동을 조심하도록 하자.

첫 번째, 땀을 옷으로 닦는 행위

두 번째, 맨손으로 원료를 만지는 행위(일회용이나 조리용 고무장갑을 사용)

세 번째, 한 번에 많은 양을 운반하기 위해 식품용기를 겹쳐서 보관하는 행위

네 번째, 식기 또는 가공 기구 등의 식품접촉면을 맨손으로 만지는 행위

다섯 번째, 침이 튈 수 있는 기침을 노출된 식품 쪽으로 하는 행위

여섯 번째, 그릇을 씻거나 원재료 등을 만진 후 식품을 취급하는 행위

일곱 번째, 생산 시설 내에 취식하는 행위

여덟 번째, 애완동물 반입하는 행위

아홉 번째, 사용한 장갑을 다른 제품 가공 시 사용하는 행위

4. 개인위생 복장

생산실에 근무자의 위생복은 색상의 더러움을 쉽게 확인할 수 있는 흰색이나 옅은 색상으로 하고, 위생복을 입은 채 생산실 밖으로 나가지 않는다. 판매 근무자와 생산부 근무자들은 위생모는 머리카락이 모자 바깥으로 나오지 않도록 머리를 뒤로 넘겨 확실하게 착용하고 긴 머리의 경우는 반드시 머리망을 사용한다.

생산실 근무자는 세균 오염을 방지하기 위하여 필요시 위생 마스크를 착용하며, 판매 근무자는 유니폼 상태를 늘 확인하며, 오염물질이 묻은 경우 빠르게 처리하여, 오염이 번지는 것을 미연에 방지한다.

5. 올바른 식재료 공급업체 선정 및 관리 기준

올바른 식재료 공급업체를 선정하는 기준은 업체의 위생 관리 능력, 업체의 운영 능력, 배송 관리를 비교하여 선정하면 된다.

최근 원료 공급 대부분 HACCP 관리를 받아 진행하기 때문에 공급업체의 위생은 철저하게 관리가 되고 있다. 그래서 공급업체의 가격 대비 좋은 원료인지, 그리고 포장 불량률이 없는지 그리고 발주 후 납품기일이 정확한지 확인을 하여 진행을 하면 된다.

공급받은 식재료를 검수하여 관리하는 것이 중요하다. 검수는 구매한 재료 및 원료에 대한 품질, 신선도, 수량, 위생 상태를 발주 기준과 동일한지 확인하는 과정이다.

검수에 이상이 없다면 곧바로 전처리 과정 또는 냉장, 냉동 보관을 하여 오염, 제품변질방지를 위하여 빠르고 안전하게 처리한다.

검수에 이상이 있다면 규정에 따라 공급업체와 이야기를 통하여 반품 또는 교환을 요청하고, 그 조치내용을 검수일지에 기록, 관리하도록 한다.

6. 안전하게 재료 보관하는 법

재료를 보관하는 방법은 상온 보관, 냉장, 냉동 보관 등이 있다. 각 보관하는 방법에 따라 안전하고 위생적으로 보관할 수 있다.

냉장, 냉동 보관방법은 적정량을 보관함으로써 냉기순환을 원활하게 하여 적정온도가 유지되도록 하며, 냉장, 냉동고에 용량 70% 이하가 좋다.

냉장, 냉동고에 식품을 보관할 경우에는 반드시 그 제품의 표시사항 항목에 보관방법을 확인하여 알맞게 보관한다. 또한 오염 방지를 위해 날음식은 하부에, 가열조리제품은 위 칸에 보관한다.

보관 중인 재료는 덮개를 완벽하게 덮어서 공기가 통하지 않도록 하고, 보관 중인 식재 간의 교차 오염이 발생하지 않도록 주의해서 보관한다.

냉장, 냉동고에 보관한 재료들은 선입선출의 원칙을 지키며, 개봉하여 일부 사용한 제품은 깨끗한 용기에 옮겨 담아 개봉한 날짜와 원산지, 제조 정보 등을 기재하고 냉장 보관한다.

냉장, 냉동고에 온도가 실시간으로 확인될 수 있어야 하며, 온도 확인이 힘들 시 냉장고형 온도계를 설치하여, 온도를 확인할 수 있도록 한다. 만약 내부온도가 적정온도 유지에 이상이 있을 경우 즉시 조치한다.

상온 보관할 경우 정해진 장소에 정해진 물품을 구분하여 보관하며, 식품과 식품 의외의 것을 각각 분리하여 보관한다.

상온 보관 시 장마철 등 높은 온도와 습도에 의해 제품이 손상되는 경우가 많으므로 주의해서 보관한다.

식품 보관 선반은 바닥과 벽으로부터 15cm 이상의 공간을 띄워 청소가 용이하도록 하고, 식품 보관실에 세척제, 소독제 등 유해물질을 함께 보관하지 않는다.

작업 위생 관리

. . .

구매한 물품을 검수하는 일에서부터 전처리, 생산, 포장, 출하까지 다양한 작업이 수작업으로 진행된다. 이 과정에서 발생할 수 있는 부주의에 의한 교차 오염이 오염된 제품을 만드는 주요 원인이 되므로 작업과정의 위생 관리가 보다 체계적으로 철저하게 유지되어야 한다.

1. 교차 오염의 방지

교차 오염의 방지 식재료, 기구, 용수 등에 오염되어 있던 미생물이, 오염되지 않는 식재료, 기구, 종사자와의 접촉 또는 작업과정에 혼입됨으로 인하여 원래 오염되지 않은 식재료까지 오염을 발생시킨 것을 말한다.

오염 구역과 비오염 구역을 설정하여, 전처리, 생산, 기구 세척 등을 별도의 구역에서 작업을 한다. 특히 칼, 도마 등 기구와 용기는 용도별(식품, 가공식품) 구분하여 각각 전용으로 준비하여 사용한다.

세척실에서 원물과 채소류를 구분하여 사용하는 것이 좋으나, 공간이 협소

할 시, 세척의 순서를 정하고, 혼합되지 않게 작업을 해야 된다. 특히 원물작업 시 피가 채소에 묻어 오염 및 변질을 일으킬 수 있으므로 주의해야 한다.

작업 시 반드시 손을 세척하고 소독하며, 고무장갑 및 위생장갑을 착용하고 작업하며, 작업 시 장갑을 손에 준하여 관리 소독한다.

전처리를 분류하여 작업하며, 작업이 끝나고 보관 시 용도별 보관함에 넣어 밀폐 보관한다.

2. 전처리 작업

전처리는 식재료를 세척, 소독, 그리고 용도에 맞게 자르는 작업을 말하며, 많은 작업을 동시에 진행하는 만큼 교차 오염이 일어나지 않도록 특히 유의해야 한다.

외포장 제거는 오염 구역에서 작업을 하며, 원물 외포장 제거작업 시 비오염 구역을 오염시키지 않도록 철저히 확인하여 작업을 한다.

냉장, 냉동식품의 해동작업은 실온에 장시간 작업 하지 않으며, 타이머를 이용하여 작업 또는 물에 담가서 작업을 한다.

식품을 전처리하는 도중에 교차 오염이 될만한 다른 작업은 하지 않으며, 특히 열처리를 거치지 않은 원물은 직접 맨손으로 작업하지 않도록 한다. 또한 작업 중에 재료는 바닥에 방치되지 않도록 작업대 및 선반 등에 안전하게 둔다.

전처리에 사용되는 세척물은 반드시 먹는 물을 사용하여 이물질이 완전히 제거될 때까지 세척하도록 한다.

세척물이 싱크의 배수관을 통해 배수로에 바로 연결되지 않도록 하며, 세척물이 바닥을 오염시키지 않도록 한다.

전처리된 재료 중 온도 관리가 필요한 재료는 가공 전까지 냉장 보관을 하며, 전처리하지 않은 제품과 분리 취급하여 교차 오염이 발생하지 않도록 위생적으로 관리한다.

원물 절단작업 시 소독이 완료된 전용 도마와 칼을 사용하며, 전처리 작업 시 발생하는 폐기물, 찌꺼기 등은 신속하게 처리 용기 또는 음식물 폐기물 봉지에 넣어 악취 및 세균 번식을 하지 않도록 신속하게 처리한다.

계란 전처리 시 파각 전후에 반드시 손 세척과 소독을 실시하며, 계란을 담았던 용기는 그대로 사용하지 말고, 반드시 세척 소독 후 사용한다.

3. 조리기구 세척

식품접촉표면을 통한 교차 오염을 예방하기 위해서는 조리기구 및 용기의 세척 소독이 적절히 이루어져야 하며, 조리기구별 세척 및 소독방법을 정확히 숙지하여 실천하도록 한다.

세척작업 시 사용하는 세제의 종류는 다양하며, 용도와 용량을 맞춰 사용하면 된다. 일반 세제인 경우 보통적으로 가장 많이 쓰이며, 모든 세척 용도에 용이하다. Pb는 음식이 직접 닿지 않는 곳의 묵은 때 제거에 용이하다.

산성세제의 경우 세척기 안에 남아 있는 광물질, 세제 찌꺼기를 제거하는데 용이하다. 그 외 기타 세제는 세척제의 용도와 용량을 확인하여 사용하도록 하자.

4. 소독

식품기구 및 용기, 그리고 식품이 접촉되는 표면에 존재하는 미생물을 안전한 수준으로 감소시키는 것을 말한다.

소독 시 유의사항은 다음과 같다.

미생물을 안전한 수치로 감소시키기 위해 소독제의 선택, 농도, 침지시간을 지키며 사용하며, 사용방법은 반드시 숙지한다. 특히 소독액은 미리 만들어놓으면 효과가 떨어지므로 1일 1회 이상 제조를 원칙으로 한다. 또한 보관 시 소독제는 반드시 식품과 구분하여 별도로 안전하게 보관한다.

식기 및 식품조리기구의 세척, 소독 시에는 치아염소산나트륨, 요오드, 알코올 등을 사용한 후 세척제가 잔류하지 않도록 음용이 적합한 물로 깨끗하게 세척해야 한다.

소독의 종류 및 방법은 다음과 같이 정리할 수 있다.

종류(소독)	대상	소독방법	비고
열탕	식기, 행주	- 100℃ 이상 열탕에서 5분 이상 - 증기 소독 시 100~120℃에서 10분 이상 - 행주의 경우 끓는 물에 10분 이상	그릇을 포개서 소독할 경우 끓이는 시간을 연장.
건열	식기	- 오븐형 멸균기로 식기표면 온도를 71℃ 이상 소독한다. 뜨거운 공기로 자연대류 공기순환을 통해 멸균한다.	
자외선	소도구, 용기	- 파장 253.7nm 자외선을 이용하여 미생물을 살균하며 30~60분 조사	자외선이 닿는 부분만 살균된다.
화학	작업대, 도마	용도에 맞는 '기구 등의 소독제'를 구입하여, 용법, 용량에 맞게 사용한다. 에탄올 소독제는 손 및 용기 소독에 용이하다.	세척제가 잔류하지 않도록 음용이 가능한 물로 세척 후 사용

5. 기구 세척 및 소독방법

세척하기 전에 소독이 끝난 용기 받침이 필요한 기구 등 필요 기구를 미리 준비한다. 또한 소독 후에는 식품접촉면을 공기로 건조하거나 청결한 공간에 보관 또는 안전한 보관고에 넣어둔다. 남아 있는 물기를 가급적 행주를 사용하지 않는다.

조리대(작업대, 검수작업, 싱크)		
구분	방법 및 주기	비고

세척	• **주기:** 1일 1회 이상, 작업 종료 후
	• **세제:** 중성, 약알칼리성 세제 이용
	• **방법:**
	  1. 주변을 정리 후 40℃ 이상의 물로 세척한다.
	  2. 수세미에 적정 세제를 묻혀 상단, 하단, 옆 부분 등 꼼꼼하게 문지른다.
	  3. 40℃ 정도에 정수물을 이용하여 잔류 세제를 닦아낸다.
	  4. 물 빠짐이 안 되는 경우 청결한 행주나 일회용 행주를 사용하여 물기를 닦아낸다.	

소독	– 약품 소독을 하며 요오드액 또는 염소액을 구석구석 분무하고 1분 이상 자연건조 한다. – 알코올 분무 후 자연건조 한다.	

도마, 칼		
구분	방법 및 주기	비고

세척	• **주기:** 사용 후
	• **세제:** 중성, 약알칼리성 세제 이용
	• **방법:**
	  1. 40℃ 정도의 정수물로 깨끗이 씻은 후 수세미에 세제를 이용하여, 잘 세척한다.
	  2. 잔류 세제를 정수물로 깨끗하게 씻어낸다.	

소독	– 도마는 염소액(50ppm)에 장시간 침지 후 정수물로 세척건조 한다. – 칼은 요오드액(25ppm)에 5분 이상 침지 후 먹는 물로 씻어 건조한다. – 열탕 소독 사용 시 100℃ 이상 물에 5분간 소독한다. – 자외선 소독고에 30~60분간 소독한다. – 소독 후 청결한 공간에 보관한다.	

냉장 냉동고		
구분	**방법 및 주기**	**비고**

세척	• **주기:** 주 1회
	• **세제:** 중성, 약알칼리성 세제 이용
	• **방법:**
	  1. 전원을 먼저 차단한다.
	  2. 냉장, 냉동고에 내용물은 작동 중인 다른 냉장고로 옮긴
	     후 성에를 제거한다.
	  3. 선반을 분리한 후 부드러운 수세미를 이용하여 내, 외벽을
	     닦아내고 정수물을 이용하여 씻어낸다.
	  4. 염소 소독(100ppm)한 후 깨끗한 행주로 씻어내고 소독된
	     행주로 물기를 제거한다.	

소독	– 알코올을 내, 외부를 분무 후 자연건조 한다.	

행주		
구분	**방법 및 주기**	**비고**
세척 및 소독	– 사용한 행주는 흐르는 물에 3회 정도 씻는다. –세척제로 세탁하며, 흐르는 물 또는 40℃ 정수된 물을 이용하 여 세척제를 씻어낸다. – 행주 전용 냄비로 100℃에서 10분 이상 삶는다.	

고무장갑		
구분	**방법 및 주기**	**비고**

세척 및 소독	– 작업 전환할 때마다 개인위생을 준수하며 중성 세제를 이용하
	  여 세척한다.
	– 세척 시 손바닥 면의 요철이 있는 부분은 전용 솔을 이용하여
	  깨끗하게 세척한다.
	– 염소 소독(100ppm), 요오드(25ppm), 알코올 등을 분무 후 자연
	  건조 한 후 청결한 보관장소에 겹치지 않도록 보관한다.	

저울		
구분	**방법 및 주기**	**비고**

세척 및 소독	– 작업이 끝나고, 필요시마다 세척을 한다.
	– 오염물질이 가장 많이 생길 수 있는 받침 부분 또는 하단 부
	  분을 깨끗하게 씻어낸다.
	– 표면에 묻어 있는 찌꺼기는 정수물로 씻어내고 행주를 이용하
	  여 오물을 닦아낸 후 알코올을 분무 후 자연건조 한다.	

6. 환경 위생 관리

생산실 구조물, 설비, 기구 및 하수구를 포함한 모든 시설, 설비는 깨끗하고 청소, 소독을 해야 하며, 위생 해충이 서식 또는 출입하지 못하도록 관리되어야 한다.

그래서 청소계획을 식품의 오염을 막기 위해 장비와 기구는 일별, 주별, 월별, 연간으로 수립하여 정기적으로 실시하며 청소와 소독 과정에 대한 작업기록을 작성 비치한다.

청소계획서		
시기	**청소 구역**	**비고**
일별	– 식기구류 – 생산실 바닥 및 로비 – 화장실 및 배수구 – 식품 보관실	
주별	– 각종 조리기기 – 배기 후드, 덕트 – 조명 확인 및 환기 설비 – 냉장, 냉동 보관실(성에 제거)	
월별	– 방충망 및 문틀 청소 – 창문 청소 – 식품 보관실 대청소(재고 정리)	
연간	– 위생 관련 시설, 설비, 기기 점검 및 보수 – 바닥 및 천장 파손 여부 확인 후 파손 확인 시 보수	연 1회 이상

7. 폐기물 관리

음식과 관련된 폐기물은 수분과 영양성분이 많아 쉽게 상하고 오수와 악취 그리고 곰팡이균이 발생하여 환경오염을 유발시키므로 관리에 유의해야 한다.

쓰레기 및 남은 폐기물은 가급적 장시간 방치하지 않고 쓰레기는 쓰레기

통, 음식 폐기물은 음식물 쓰레기통에 구분하여 당일 처리한다.

쓰레기 및 폐기물의 처리를 원활하게 하기 위해서 전용 운반 도구 또는 적절한 도구를 사용하여 운반하며, 수거가 종료 후 세척 및 소독을 실시한다.

쓰레기 처리 장소는 쥐나 곤충이 접근하지 못하도록 하며, 정기적으로 구충, 구서작업을 실시한다.

쓰레기통의 흡수성이 없으며, 단단하고 내구성이 있어야 하며, 쓰레기통은 뚜껑 달린 페달식으로 비치하고 고객에게 보이지 않도록 한다.

8. 해충 방역

생산실 및 식품 보관실의 창문과 출입구 등에는 파리, 위생 해충 및 쥐를 막을 수 있는 적절한 설비를 갖추고 있어야 하며, 충분한 크기의 덮개가 있는 폐기물 용기를 비치하여 방충 방서 대책을 세운다.

출입구에는 자동문이나 용수철이 달린 수동 문 등을 설치하여 항상 닫아두어야 하며, 에어 커튼을 설치할 경우 풍속이 약하면 위생 곤충이 유입될 수 있으므로 유의하고 바람은 출입문 바깥을 향하도록 설치해야 한다. 또한 창문, 환기 시설 등을 통해 위생 곤충이 유입될 수 있으므로 방충망을 설치하여야 한다.

해충 방역 관리에 가장 좋은 건 방역회사와 계약을 체결하여 정기적으로 방역 및 소독을 실시하여 안전하고 편리하게 관리하는 방법이 있다.

**펫푸드 창업
길라잡이**

4

펫푸드 관련 행정 절차

펫 관련 산업 인허가 및 행정은 농림축산부 소관이며, 시. 군청 담당부서에서 입무를 처리하고 있다. 다만, 단미사료 및 보조사료제조업을 운영하기 위해서는 사료제조업을 필히 신청을 하고 운영을 해야 된다.

인허가 및 품목등록

사료제조업

• • •

사료를 제조 즉, 혼합, 배합, 화합 또는 가공하는 경우를 포함하여 판매 또는 공급하는 제조업을 말한다. 사료를 제조한 후 무상으로 공급하더라도 제조업에 해당하기 때문에 사료제조업에 등록해야 한다.

사료의 종류에 따른 적합한 제조 시설을 갖추게 되면, 이후에 시, 도청에 사료제조업을 등록하게 된다. 기본적으로 사료에 대한 제조업을 등록하기 신청하기 위해서는 신청서 1부, 시설개요서 1부가 필요하다.

1. 사업자등록 절차

사료(단미, 보조)업을 하기 위해서는 건물 용도가 2종근린시설 또는 공장처럼 제조업으로 기재사항 변경이 가능한 곳이면 사업등록을 할 수 있다. 만약 창업을 하려는 건축물 용도 확인을 먼저 하고 진행하는 편이 가장 좋다. 건축물 용도 확인하는 방법은 정부24에서 '건축물 대장'으로 확인 가능하다.

2. 단미사료업 시설 기준

단미사료를 생산하는 경우에는 농림축산식품부 장관이 정하여, 고시하는 시설을 갖추어야 한다. 시설의 기준은 다음과 같다.

1) 공장 건물(제조업 가능한 건물): 내화성 건물로서 제품을 생산하기 적합한 곳

2) 저장 시설: 원료와 완성된 제품을 실온, 냉장, 냉동으로 저장(보관)할 수 있는 공간으로 냉장, 냉동고, 실온창고 등이 있다.

3) 계량 시설: 제품을 정확하게 계량할 수 있는 계량기

4) 포장 시설: 제품을 포장할 수 있는 설비로 진공기, 실링기

5) 건조 시설: 제품을 가공 또는 생산을 할 수 있는 설비로, 오븐, 건조기 등이 있다.

6) 그 외 시설: 제품의 종류에 따라서 추가되는 시설이 있으며, 이는 단미사료업 시설 기준 제6조에 나와 있습니다. 관련된 서류는 국가법령정보센터(www.law.go.kr)에서 자료를 다운받을 수 있으며, 창업을 준비하는 지역에 시청 또는 도청 관련 부서에서 자료 요청을 하여 받을 수 있다.

위에 내용과 같이 단미(보충)사료업의 시설 기준은 영업장은 독립된 건물이거나, 타 용도로 사용되는 시설과 분리 또는 구획이 돼야 한다. 시설별로는 저장 시설, 계량 시설, 포장 시설, 건조 시설, 분쇄 시설, 혼합 시설을 건물에 갖추어야 된다.

다만 같은 시설에서 2 이상의 단미사료를 생산하는 경우에는 단미사료별로 유수분리 시설, 배양 시설, 알파화 시설 그 밖에 농림축산식품부 장관이

정하고 고시하는 시설을 각각 따로 갖추어야 하며, 그 밖의 시설은 공동으로 사용할 수 있는 공동 시설로 갖출 수 있다.

3. 단미사료업의 범위

단미사료는 크게 식물성, 동물성, 광물성, 혼합성, 기타로 구분된다.

하단에 작성된 내용은 농림축산식품부에서 작성된 단미사료의 범위를 규정한 내용이다.

창업 준비 시 참고하면, 준비 시 좀 더 쉽게 이해하고 준비할 수 있다.

4. 시설개요서 작성방법

시설개요서에는 해당 사료제조 시설 기준에서 정하는 사항에 대하여 공장 건물 시설별로 평면도에 시설 배치 현황, 면적, 규격, 용량 등을 표시하고 부연설명을 첨부하면 된다.

참고: 관련 법규 및 별표는 국가법령정보센터(www.law.go.kr)에서 확인 가능하다.

시설개요서

· · · ·

동물성, 식물성 물질을 원료로 사용하여 애완동물 간식용 사료를 제조하여
판매하고자 제조 시설을 갖춘 후 제조업등록을 다음과 같이 신규 신청합니다.

– 생산사료: 보조사료를 첨가하지 않은 단미사료(혼합성 단미사료, 육포)

1. 사업장 현황 (□ 개인/ □ 법인) * 개인/법인 체크할 것

업체명1)		한국펫푸드아카데미	대표자성명/법인명 2)		김명명
주민등록번호/법인번호3)			20210101–XXXXXXX–		
사업장 내역	소재지 4)	도로명 주소	서울시 XX구 XX로		
		(구)지번 주소	서울시 XX구 XX		
		연락처	사무실) 02–XXX–XXXX, 팩스) 070–XXXX–XXXX		
	건축물 5)	면 적 *500㎡ 이상 → 공장등록건물	30㎡	건축물 용도	제2종근린생활시설(제조업)/공장
		지 역	일반상업지구	소유관계 소유관계	□ 자가, □ 임대 *임대차계약서 확인 □ 자가, □ 임대 *임대차계약서 확인
		구 조	철근콘크리트		
사료(품질) 담당자 6)	성명	김명명	직책	대표	연락처 이메일

1) 업체명: 상호 입력

2) 대표자/법인명: 개인사업장일 때는 대표자 이름, 법인일 경우 법인명

3) 주민등록번호/법인번호: 개인인 경우 사업자 주민번호 입력, 법인일 경우 법인번호 입력

4) 소재지: 도로명 주소 및 구) 주소 입력 사무실 전화번호 또는 사업자 개인번호 입력

5) 건축물: 사업하려는 건물에 대한 건축물대장을 출력하여 작성

6) 사료(품질) 담당자: 생산을 담당 관리하는 관리자 또는 대표 정보 입력

2. 제조하려는 사료의 종류 및 공정

□ 사료 종류(구분): 1) 단미사료 – 동물성 – 단백질류 – 기타 동물성 단백질류(육포 등)

2) 단미사료 – 동물성 – 혼합성 – 혼합제(혼합성 단미사료)

★ 용어 정의 ★

– 단미사료: 식물성·동물성 또는 광물성 물질로서 사료로 직접 사용되거나 배합사료의 원료로 사용되는 것. (농림축산식품부 장관이 정하여 고시함)
– 육포류: 소, 돼지, 닭, 오리 등 육상동물의 고기를 절단하여 말린 것.
– 육골포류: 뼈가 포함된 육상동물의 고기로 뼈 또는 뼈와 같이 말린 것.
– 건어포류: 어류(생선)류를 말린 것.
– 육어포류: 육포와 건어포를 혼합하여 말린 것.
– 혼합성 단미사료: 둘 이상의 단미사료를 혼합한 사료. 단미사료가 아닌 사료(보조사료)를 혼합하면 안 되며, 각각의 단미사료는 혼합 전에 개별 단미사료의 기준 및 규격 등(열처리, 수분 등)을 충족하여야 함.

· 혼합한 물질의 명칭, 혼합비율 등을 확인하고 보관성이 약하거나 사용상 주의를 요하는 사료는 이를 용기 및 포장에 표시하여야 함.
· 애완용 동물의 간식용, 영양보충용은 단미사료 이외에 소량의 보조사료(보존제와 향미제에 한함)를 첨가할 수 있음.

□ 1일 생산 능력: 총 _00_톤(1일 8시간 작업 기준)

– 내용: 육포류: _0_톤, 육골포류: _0_톤, 혼합성 단미사료: _0_톤

□ 생산공정: *기본공정 설명

공정 구분	주요 내용	설명
원료 입고	동물성 원료, 식물성 원료 구입	닭고기, 오리고기, 돼지고기, 고구마
저장	입고된 원료를 냉동, 냉장, 실온 구분 저장	육류 – 냉동 보관, 채소류 – 냉장 보관
해동 및 손질, 소독	냉동된 자료 자연해동 및 기름기 제거, 육류는 식초로 소독	동물성 원료 소독
분쇄 및 혼합	분쇄기로 분쇄 및 재료 혼합	
건조	건조판에 종이 호일을 붙이고 __℃에서 __시간 건조	육포: ℃, 시간 혼합성: ℃, 시간
검사	건조재료들의 상품성 유무를 육안으로 검사	육안 및 촉감으로 확인
계량	각 판매 용량에 맞게 정확히 계량	전자저울로 정량(오차범위 __g)
포장	포장단위에 맞게 진공포장지에 진공포장후 스탠드 지퍼백에 포장	제품을 용량(50g, 100g)에 따라 1~3개 제품을 진공포장지 1차 포장 후, 스탠드 지퍼백에 담아 2차 포장 (앞, 뒤에 제품로고 및 표시사항 스티커 부착)
출고 및 판매	아이스박스에 넣어 출고, 매장 판매 *유통방법 기재요	주문(인터넷) 접수 시 아이스박스(얼음팩 포함)에 넣어 택배 발송, 매장 방문자에게 직접판매

3. 사료제조업의 시설 기준별 시설 보유 시설 내역

▶ 참고 자료: 사료관리법 시행규칙 [별표 3] 단미사료제조업의 시설 기준

시설별	시설 기준	보유 시설 내역 (면적, 규격, 용량)	설 명
공장 건물	내화성 건물로서 제품생산에 적합할 것	콘크리트 슬라브조 건물 용도: 제조업 가능	___m²
저장 시설	원료와 제품을 저장할 수 있는 저장 설비를 갖출 것	총 __대 - 원료저장: __대, 규격/용량(L) - 제품저장: __대, 규격/용량(L)	냉동, 냉장, 실온용
계량 시설	제품을 정확하게 계량할 수 있는 설비를 갖출 것	전자저울 __대(대/중/소형)	___g 또는_kg
삶는 시설	고열 수증기로 원료를 삶을 수 있는 설비를 갖출 것	가스레인지/전기 __대	
압착 시설★	삶은 원료를 압착할 수 있는 동력 설비를 갖출 것	–	애완용 육포 등 건조공정으로 불필요
고형분리 시설★	압착 과정에서 흘러나온 용액에서 고형물질인 침전물(어육 등)을 분리할 수 있는 설비를 갖출 것	–	애완용 육포 등 고형분리 과정 없음
유수분리 시설★	고형분리를 거친 용액에서 기름과 물을 분리하는 설비를 갖출 것	–	애완용 육포 등 건조공정으로 유수분리 과정 없음
농축 시설★	고형분리 과정과 유수분리 과정에서 분리된 용액을 농축할 수 있는 설비를 갖출 것 (어즙흡착사료 제조 경우만 해당)	–	어즙흡착사료 아님
포장 시설	제품을 포장할 수 있는 설비를 갖출 것	진공포장기 _대, 스탠드 지퍼백	규격:
건조 시설	생산 능력에 적합한 건조 설비를 갖출 것	건조기 __대(용량:)	소비전력: __w

분쇄 시설★	생산 능력에 적합한 분쇄 설비를 갖출 것	분쇄기 __대	
혼합 시설★	원료를 적절히 혼합할 수 있는 설비를 갖추되, 그 공정은 동력에 의할 것	교반기 __대(전기용량:)	
먼지 제거 시설★	제조 과정에서 발생하는 먼지를 제거할 수 있는 시설을 '대기환경보전법'에 따라 갖출 것	환풍기 __대	
악취 제거 시설★	제조 과정에서 발생하는 악취를 없앨 수 있는 설비를 '악취방지법'에 따라 갖출 것	공기청정기 __대	
정수 시설★	제조 과정에서 발생하는 오수를 정수하여 배수할 수 있는 설비를 '하수도법'에 따라 갖출 것		소규모 제조로 건축물 기존 설치 하수도 자체 처리
가수분해 시설★	소화율을 향상시킬 수 있는 가수분해 설비를 생산 능력에 적합하게 갖출 것		
냉동·냉장 및 (가열 처리 시설★)	온도계 또는 온도를 측정할 수 있는 계기를 설치하여야 하며, 적정온도가 유지 관리되는 설비를 갖출 것	냉장고 _대, 냉동고 _대, 전기/가스오븐 _대	
—	기타 시설	사료제조에 필요한 기타 시설 (수도 시설 등)	

★는 제조공정 또는 포장방법 특성상 불필요한 경우에 시도지사의 승인을 받아 갖추지 않을 수 있음.

4. 사업장 평면도 및 시설 배치 현황

※ 시설 배치 평면도(도면 첨부, 수기 작성 등 방법), 가로세로 m 표시

※ 필요시 시설 사진 첨부

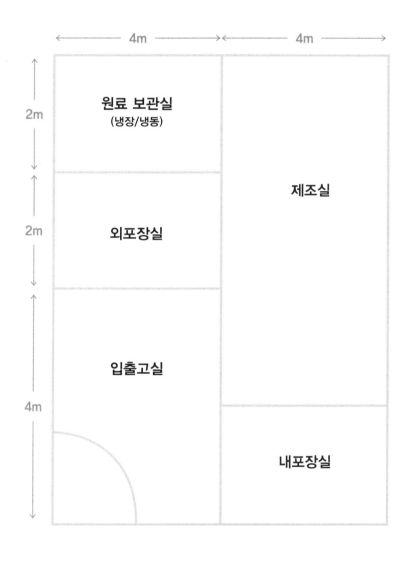

5. 기타 사항

– 사료의 원료는 해당 단미사료 범위 내 사료로 사용이 가능한 물질을 사용

★관련: 〈사료 등의 기준 및 규격(농림축산식품부고시)〉[별표 1] 단미사료의 범위, [별표 3의2] 식품 등으로서 사료의 원료로 사용 가능한 물질의 범위

– 동물성 단백질(축산물) 원료는 〈축산물위생관리법〉에 따라 식용이 가능한 축산물을 열처리 또는 살균 처리하여 사용함

※ 방법

① 중심온도 63℃ 이상 30분 이상 열처리

② 식초 등 소독제로 살균 처리 후 중심온도 50℃ 이상에서 60분 이상 열처리

③ 기타: 조사 처리(원료수불대장/방사선 조사 처리증명서 구비, 방사선 조사 처리 표시 필요)

▢ 관련: 〈사료 등의 기준 및 규격〉[별표 9] 사료의 멸균 및 살균 처리 기준

– 제조한 사료를 판매할 때, 용기나 포장에 사료의 표시사항 준수

▢ 관련: 〈사료관리법 시행규칙〉[별표 4] 용기 및 포장에의 표시사항 및 표시방법

〈사료 등의 기준 및 규격〉[별표 15] 사료의 기타 표시사항

– 성분등록 분석 및 자가품질검사는 사료검정인정기관에 의뢰

사료의 분류에 따른 등록방법

. . .

사료의 분류에 따른 등록 성분은 다르기 때문에, 사료검정인정기관에 의뢰하기 전에 한 번 더 확인하여, 접수하도록 한다.

1. 성분등록 기준

성분등록은 사료 등의 기준 및 규격 [별표11]부터 [별표 13]에서 지정한 등록 성분의 최소, 최대량 등이 다른 경우에만 별도로 등록하면 된다.

1) 식물성: 곡류, 서류, 조류, 과실류, 채소류, 버섯류의 등록 성분은 조단백질(%이상), 수분(%이하), 조섬유(%이하), 조회분(%이하) 성분검사를 의뢰해야 하며, 콩류, 견과종실류의 조단백질(%이상), 조지방(%이상), 수분(%이하), 조섬유(%이하), 조회분(%이하) 성분검사를 의뢰해야 한다.

2) 동물성: 육포류, 육골포, 건어포, 육어포, 치즈, 유당의 등록 성분은 조단백질(%이상), 수분(%이하), 조지방(%이하), 조회분(%이하) 성분검사를 의뢰해야 한다.

3) 혼합성: 가장 많이 배합한 2개의 주재료에 따라 등록 성분이 결정되므로 제품 배합에 가장 많이 사용된 원료를 먼저 확인하여 성분검사를 의뢰해야 한다. 식물성 재료가 포함된 경우에는 조섬유를 추가해야 한다.

4) 기타: 어류(생선) 중 상어(고기, 껍질, 연골)를 원료로 사용하여 만드는 제품인 경우 반드시 수은(Hg) 검정을 의뢰하도록 한다. 만약 상어를 원료로 사용한 제품에서 수은이 1.0ppm 이상 나타나는 경우가 많고, 만약 성분등록 하는 경우 추후 사료검사기관에서 적발 시 제품생산한 업체가 많은 피해를 입을 수 있고, 급여한 반려동물에게도 안 좋기 때문이다.

– 자가 품질 검사주기: 성분등록 후 검사주기는 등록 성분은 6개월마다 1회 이상. 유해 성분은 6개월마다 1회 이상 검사를 받아야 된다. 즉 등록 성분과 유해 성분을 6개월마다 1회 이상 검사받아야 된다.

유해 성분이란: 식물성, 동물성, 혼합성 단미사료에서 발생할 수 있는 유해한 성분으로 납, 수은, 카드뮴, 살모넬라D그룹, 아폴라톡신, 오크라톡신 등이 있다.

2. 사료 성분등록 절차

사료의 종류, 성분 및 성분량 등을 확인한 후 소재지 관할 시도 해당 기관에 성분등록신청서와 사용한 원료의 명칭을 적은 서류와 사료의 제조공정 설명서를 제출하면 된다.

배합사료의 경우에는 추가로 배합비율표를 첨부하여야 하며 가급적 해당 사료의 검정 성분을 분석한 자료를 제출하여 성분등록 해야 된다.

사료 성분등록 시 사료관리법령을 참고하면 좋다.

〈사료관리법〉 제12조(사료의 성분등록 및 취소)

1) 제조업자 또는 수입업자는 시, 도지사에게 제조 또는 수입하려는 사료의 종류, 성분, 성분량, 그 밖에 농림축산식품부 장관이 정하는 사항을 등록(이하 '성분등록'이라 한다)하여야 한다. 다만, 농림축산식품부령으로 정하는 사료에 대하여는 성분등록을 하지 아니할 수 있다.

2) 시, 도지사가 성분등록의 신청을 받은 경우에는 그 내용이 사료공정 등에 적합한지의 여부를 확인하고, 적합한 경우에는 성분등록증을 지체 없이 해당 신청인에게 교부하여야 한다.

〈사료관리법 시행규칙〉 제12조(사료 성분의 등록 등)

1) 제조업자 또는 수입업자가 법 제12조 제1항 본문에 따라 사료의 성분등록을 하려는 경우에는 별지 제6호서식 또는 별지 제7호서식의 사료 성분 등록신청서에 다음 각호의 서류를 첨부하여 시, 도지사에게 제출하여야 한다.

1. 사용한 원료의 명칭을 적은 서류

2. 원료배합비율표(배합사료의 경우에만 해당한다)

3. 사료의 제조공정 설명서

〈사료관리법 시행규칙〉제12조(사료 성분의 등록 등)

1) 제조업자 또는 수입업자가 법 제12조 제1항 본문에 따라 사료의 성분등
록을 하려는 경우에는 별지 제6호서식 또는 별지 제7호서식의 사료성
분등록신청서에 다음 각호의 서류를 첨부하여 시, 도지사에게 제출하여
야 한다.

1. 사용한 원료의 명칭을 적은 서류

2. 원료배합비율표(배합사료의 경우에만 해당한다)

3. 사료의 제조공정 설명서

3. 성분등록 시 사료 명칭의 기준

사료성분등록신청서의 사료의 종류와 명칭은 단미사료의 사료의 종류와
사료의 명칭은 사료 등의 기준 및 규격 [별표 1]의 사료의 종류와 사료의 명
칭을 토대로 기재해야 한다.

보조사료의 사료의 종류와 사료의 명칭은 사료 등의 기준 및 규격 [별표 2]
의 사료의 종류와 사료의 명칭을 기재해야 한다.

배합사료의 사료의 종류와 사료의 명칭은 사료 등의 기준 및 규격 [별표 3]
의 사료의 종류와 사료의 명칭으로 기재해야 한다.

단미사료와 보조사료는 아라비아 숫자로 구분하며, 예로 육포1, 혼합성 단
미사료1로 작성한다.

성분등록 시 제품명은 기본적으로 1개의 성분등록 기준으로 1개의 사료
명칭을 사용하는 것이 원칙이다. 다만 등록 성분이 동일한 경우 1개의 성분
등록과 1개 사료 명칭은 다음과 같이 주 제품명이 같으면, 보조 제품명은 다

른 것을 사용 가능하다.

1) 용량과 형태만 다른 경우(용량과 형태를 보조 제품명으로 표시한 경우)

   예) 건조 닭 육포(국내산 닭 코인), 건조 닭 육포(국내산 닭 스틱)

2) 보조사료(착색제, 향미제, 미량광물질 등) 소량 첨가되는 성분이 다른 경우

   (등록 성분이 아닌 특정 성분의 차이를 보조 제품명으로 표시한 경우)

예) 건조 닭 육포(국내산 닭 비타민), 건조 닭 육포(국내산 닭 유산균)

4. 등록 성분 결정방법

성분등록할 경우에는 가급적 사료검정인정기관 등에서 분석한 검정증명서 상의 분석함량을 기준으로 등록하여야 하며 수입사료의 경우에는 포장 등에 표시된 등록 성분별 함량으로 등록할 수도 있다.

제조업자 또는 수입업자가 사료의 성분등록을 할 때에는 당해 사료의 배합 또는 혼합 설계 성분함량과 같은 수준으로 시, 도지사에게 등록하여야 하며, 실제 제품의 성분함량은 〈사료검사 기준〉 [별표 4]의 허용오차 이내이어야 한다.

등록해야 할 성분은 사료 등의 기준 및 규격 [별표 11]~[별표 13]을 참조 하면 된다.

〈사료 등의 기준 및 규격〉 제9조(사료의 성분등록)

1) 법 제12조 제1항에 따른 사료의 성분등록 사항은 [별표 11]부터 [별표 13]과 같다. 다만, 제4조 제2호와 제5조 제2호에 해당되어 [별표 11]과 [별표 12]에 성분등록 사항이 정하여지지 않은 경우에는 농림축산식품부 장관의 안내를 받아 유사한 사료 명칭의 등록 성분을 준용하여야 한다.

2) 법 제12조 제1항에 따라 등록해야 하는 '그 밖에 농림축산식품부 장관

이 정하는 사항'은 [별표 11]부터 [별표 13]의 기타란에 수록된 사항과 같다.

3) 규칙 제12조 제2항 제2호에 따라 성분등록을 하지 않아도 되는 사료의 종류는 [별표 14]와 같다.

4) 사료를 성분등록할 경우에는 가급적 사료검정인정기관 등에서 분석한 검정증명서상의 성분함량을 기준으로 등록하여야 한다. 다만, 수입사료의 경우에는 수입관계서류, 용기 또는 포장 등에 표시된 등록 성분별 함량을 기준으로도 등록할 수 있다.

5) 제4항의 규정에도 불구하고 주로 식품 등 및 먹는 물로 사용되어 사료 검정인정기관에서 분석할 수 없는 경우에는 〈식품 의약품분야 시험 검사 등에 관한 법률〉 제6조에 따른 자가품질위탁 시험 검사기관 및 〈먹는 물 관리법〉 제43조에 따른 검사기관에서 분석한 검사성적서상의 성분함량을 기준으로 등록할 수 있다.

6) 배합사료의 등록 성분함량에 대한 기준은 [별표 13]의 제6호와 같다.

7) 제12조 제3항에도 불구하고 당해 단미사료(혼합성 단미사료 제외)의 수분 조절 등 품질 관리를 위하여 다른 단미, 보조사료를 혼합하는 경우에는 혼합성 단미사료가 아닌 당해 단미사료로 성분등록 하여야 한다.

8) 제12조 제6항에 따라 광물성 단미사료 또는 보조사료에 부형제를 첨가한 경우에는 혼합성 단미사료 또는 혼합성 보조사료가 아닌 당해 단미사료 또는 당해 보조사료로 성분등록 하여야 한다.

9) 제조업자 또는 수입업자가 사료의 성분등록을 할 때에는 당해 사료의 배합(또는 혼합)설계 성분함량과 같은 수준으로 시, 도지사에게 등록하여야 하며, 실제 제품의 성분함량은 〈사료검사 기준〉 [별표 4]의 허용오차 이내이어야 한다.

5. 단미사료등록 시 주의할 점

1) 혼합성 단미사료 및 동물성 단백질 혼합사료에 소량에 비타민제 등 보조사료를 첨가한 경우 사료등록 시 주의해야 한다.

혼합성 단미사료는 단미사료만을 혼합한 경우에만 해당이 된다. 다만, 예외적으로 애완용 동물의 간식용, 영양보충용에 대해서만 소량의 보조사료(보존제와 향미제에 한함)의 첨가를 허용하고 있고 다른 것은 허용하고 있다.

소량의 비타민제(보조사료)를 첨가하신 경우에는 배합사료로 분류되며 배합사료로 등록해야 된다.

2) 특수 용도로 제조된 사료(일명 처방 또는 예방식)는 실 수요자의 주문에 의하여 제조한 경우가 대부분이므로 그 명칭 앞에 '주문'을 표시해야 된다. (예: 주문 애완 어린 개)

3) 시중에 많이 판매되고 있는 강아지 전용 음료수(액상사료)는 사용한 원료와 성분 형태 등에 따라서 혼합성보조사료 또는 추출제 등으로 성분등록 할 수 있다.

비타민제 등을 정제수(물)와 희석한 것은 혼합성 보조사료에 해당되며, 과실 및 과채 추출물을 주원료로 제조한 것은 추출제에 해당된다.

4) 쌀뜨물은 사료로서 사용은 가능하나, 사료의 범위에 들어 있지 않아 사료로 제조되거나 유통되는 것은 곤란하다. 다만 쌀뜨물을 농축한 쌀농후침지액 경우 사료로 판매 및 공급이 가능하다.

5) 반려견 간식을 가정에서 제조하여 주문 판매 또는 진열하여 판매하는 경우 법적제재가 있기 때문에 반드시 단미사료 제조하려면 시, 도에 사료제조업등록과 성분등록을 하여야 하며, 집은 주택이라 제조공장으로 이용이 불가하므로 제조업등록이 불가하다.

제조업등록은 제조공장이 500㎡ 이상이며 정식으로 공장으로 등록된 건물이어야 하며 500㎡ 미만이면 근린생활시설 2종 등 제조행위가 가능한 건물을 임대 및 소유하여야 됩니다.

6) 소비자의 이해를 돕기 위해 등록된 사료 명칭을 임의로 변경할 수 없다.

〈사료 등의 기준 및 규격〉 제7조에 따라 사료의 명칭을 사용하셔야 합니다. 사용한 원료의 명칭은 사료 명칭과 다른 개념으로 실제 사용한 원료의 명칭을 표시하면 된다. 예를 들어 닭가슴살이나 닭안심을 이용해서 육포를 제조한 경우 사료 명칭은 육포이지만, 원료의 명칭은 닭가슴살이나 닭안심으로 표시하면 된다.

7) 사료의 표시는 주표시면 면적이 아주 작은 경우(30cm 이하)를 제외하고는 소비자에게 판매되는 최소 판매 단위별 용기, 포장에는 반드시 사료의 명칭, 등록 성분량, 중량, 유통기간, 또는 유통기한 등을 표시해야 한다.

다만 내포장한 사료의 경우에는 소비자에게 올바른 정보를 제공하고자 내포장별로 최소한의 사료 관련 정보(사료의 명칭 등)만을 표시할 수도 있다.

〈사료 등의 기준 및 규격〉 [별표 15] 사료의 기타 표시사항(제10조 관련) 표시방법

1. 표시는 한글로 하는 것을 원칙으로 하되, 소비자의 이해를 돕기 위하여 한자나 외국어를 함께 표시할 수 있으며, 이 경우 한자나 외국어는 한글 표시의 활자보다 크게 표시하여서는 아니 된다. 다만, 수입되는 사료와 상표법에 의하여 등록된 상표는 한자나 외국어를 한글 표시 활자보다 크게 표시할 수 있다.

2. 표시는 소비자에게 판매되는 최소 판매 단위별 용기, 포장에 하여야 한다. 다만, 포장된 최소판매 단위 제품의 주표시면 면적이 30㎠ 이하이고 여러 개의 최소판매 단위 제품이 하나의 용기 포장으로 진열 판매할

수 있도록 포장된 경우에는 그 용기 포장에 대신 표시할 수 있다.

3. 최소 판매 단위 포장 안에 내용물을 2개 이상으로 나누어 개별포장(이하 '내포장'이라 한다)한 사료의 경우에는 소비자에게 올바른 정보를 제공할 수 있도록 내포장별로 사료의 명칭, 등록 성분량, 중량, 유통기간 또는 유통기한 등을 표시할 수 있다.

원료수불일지,
생산일지 작성요령

모든 생산은 기록을 남겨둬야 제품 사고 발생 시 빠르게 처리할 수 있으며, 발주 및 재고 등을 한눈에 볼 수 있어야 한다.

1. 원료수불일지

원료수불일지는 원료의 입고와 출고에 따라 현재 원료의 보관량을 파악하고 원료의 수량이 바뀌는 것을 작성하는 문서이다. 원료수불일지를 작성하여 기록으로 남겨 원료의 현황을 한눈에 파악할 수 있다.

원료의 명칭과 재고와 입고와 출고 등을 정확하게 작성해서 매일 기록으로 남기기 위한 문서이다. 원료는 어떠한 물품이나 제품이나 물건을 만들 때 들어가고 포함되는 재료를 뜻한다.

주원료, 가공원료, 국내원료, 공업원료, 화장품원료, 두부원료 등의 말로 쓰이며, 비슷한 말로는 원재료, 자재, 자료, 소재, 원자재, 재료가 있다. 수불은 해당 물건을 돈을 내고 지불하거나 받는 것을 의미한다.

작성요령으로 원료수불일지의 상단에는 문서를 작성하는 날짜를 기재하도록 한다.

또한 각 순번으로 나누어서 원료의 명칭을 적고 재고를 입력하고 기입한다. 그리고 입고의 입고장소와 입고의 양과 출고의 소분과 제조량과 기타 내용과 현재의 재고를 쓰고 비고를 적어 일지를 작성하도록 한다.

원료수불대장						
일자	원료명	규격	(전)재고 kg	입고량 kg	사용량 kg	(현)재고 kg
21.10.01	닭고기	가슴살	0	100	60	40
21.10.01	닭고기	안심	0	100	60	40
21.10.05	오리고기	안심	30	100	50	80
21.10.10	소고기	홍두깨	20	50	40	30

2. 생산일지

일일 생산일지는 하루에 생산되는 제품의 양을 측정하고, 이를 관리하기 위해 작성하는 서식이다. 따라서 생산 활동의 진행사항을 충분히 이해할 수 있도록 기재하는 것이 무엇보다 중요하다.

일일 생산일지를 작성하는 것은 단순한 행동이 아니라 제조기업에 있어서 생산현장뿐만 아니라 원자재 구매 및 완제품 공급 부분에까지 영향을 미치는 중요한 의사결정사항이다.

작성요령으로 일일 생산일지는 하루 생산량을 기록하므로 전 예비 생산량을 파악하고 일과 종료 후 생산 일지를 완료 작성한다.

생산일지
작업일(20 . .)

No	작업시간		제품명	수량	공정 과정	작업자	비고
	시작시간	종료시간					
1	10:00	11:00	닭가슴살	40kg	절단 후 건조기 투입	김멍멍	건조작업 11:00 시작
2	11:00	13:00	오리목뼈	20kg	절단 및 지방 제거 건조기 투입	김댕댕	건조작업 13:00 시작
3							
4							
5							
6							
7							
8							
9							
10							

사고 예방과
안전 관리

 단미사료 제조업장을 경영하는 과정에서 안정성은 식품위생의 안전성은 물론 작업환경에 대한 안정성도 확보되어야 한다.

 현장에 잘 계획된 사고방지계획과 위생, 그리고 내부 관리로 자연적 위험을 제거하며, 직원들에게 안전에 대한 지속적인 훈련과 관리를 교육함으로써 식품으로 인한 사고 방지와 위급상황 시 현명하게 대처하여 안전사고를 방지할 수 있다.

사고 분석

· · · ·

 사고는 예방이 중요하지만, 어쩔 수 없이 사고가 발생하면 면밀히 분석하여 사고보고서를 작성하고 위험요소를 개선해야 한다. 이런 보고서는 자주 발생하는 사고의 종류를 알 수 있으며 관리자는 다른 매장의 사고를 예로 배울 수도 있다.

발생했던 사고를 조사하여 작업환경에 적용 관찰하여 안전하지 못한 행동을 발견했을 시 즉시 개선하고 조치를 취해야 하며, 직원들에게 교육을 시켜 동일한 사고가 반복되지 않도록 해야 한다.

1. 사고의 원인

사람의 실수로 인한 사고를 방지하기 위해 위험요인을 확인하고 위험한 상태를 피하는 것이다.

불안전한 환경을 제거하지 않는 경우는 박스를 밟고 올라가서 물건 꺼내기, 테이블 위로 올라가서 작업하기, 바닥에 미끄러움을 유발할 수 있는 액체 쏟고 안 치우기, 비상통로를 장비로 막기 등을 말한다.

위험하지만 위험을 무시하는 경우는 맨손으로 깨진 유리 치우기, 기계 사용 시 안전장치 및 사용 준수를 하지 않은 경우, 무거운 짐을 무리하게 들어올릴 때 등을 말한다.

작업을 실행할 때 주의를 하지 않은 경우는 이동 중 다른 근무자와 부딪치는 경우, 자신의 발에 무거운 짐을 떨어뜨리는 경우, 서랍이나 문에 실수로 손을 넣고 닫는 경우를 말한다.

안전하지 않은 행동을 하는 경우는 칼을 들고 불안전하게 이동하는 경우, 사용하지 않는 칼을 싱크대나 작업대에 올려놓는 행위, 날카로운 물건, 이동 시 주위를 살피지 않는 경우를 말한다.

2. 사고의 형태

사고의 형태는 낙상 사고, 무거운 짐을 옮길 때 일어나는 사고, 베이는 사고, 화상을 당하는 사고 등이 있다.

– 낙상 사고: 생산실 바닥은 건조하게 관리하는 것을 원칙으로 하며 업무 중에도 바쁘더라도 조심스럽게 걷고 항상 주위를 살피도록 한다. 특히 신발은 물에 쉽게 미끄럽지 않은 신발을 신는다. 또한 기물이 바닥에 방치되어 이동에 방해가 되지 않도록 한다.

– 무거운 짐을 옮길 때 일어나는 사고: 근무자들의 허리부상은 잘못된 행동습관을 고치지 않으면 발생 및 재발의 위험이 높은 부상이므로 평소의 운동도 중요하지만 물건을 안전하게 들어 올리는 방법을 숙지하고, 이를 실천하는 것이 중요하다. 업무 시작 전 간단한 스트레칭을 한 후 작업하면 부상을 예방할 수 있다.

– 베이는 사고: 주로 업무 중에 많이 발생하는 사고이며, 칼이나 날카로운 기구, 그라인더, 설거지 중 유리 파손 등 부주의하게 다루는 것이 사고의 원인이 되므로 작업을 할 때에는 작업에 맞는 올바른 도구와 방법을 사용하여야 한다.

– 화상을 당하는 사고: 오븐 이용, 가스 사용 등 열과 불을 다루는 작업에 부주의로 발생하는 사고이다. 화상은 1도 화상은 피부가 붉어지고 쓰라리며, 2도 화상은 물집이 생기고, 3도 화상은 피부표면이 타고 감각이 없음으로 분류하는데, 화상의 심각도가 중요하므로 증상에 따라 적절한 치료가 중요하다.

작업 안전교육

• • •

직원들을 위한 위험한 상태 방지 또는 행동으로 인한 위험에 대해 안전 프로그램 교육훈련을 정기적으로 실시하는 것이 필요하다. 직원들에게 사고는 방지될 수 있다는 인식과 개인이 사고 방지를 의무를 가지고 있다는 점이 교육되어야 한다.

이 교육훈련을 진행할 때는 위생교육도 함께 포함하여 위생에 대한 지시사항이 안전한 행동으로 실행되며, 이에 관리자는 전문 강사 또는 정부에서 실시하는 위생교육을 온라인교육 영상을 직원들과 함께 시청을 하는 것을 추천한다.

1. 안전교육

종합적인 사고 방지 프로그램을 만들고, 미리 예방에 대한 교육을 한다. 위험한 환경교정과 안전한 주요점을 준비함으로써 환경을 바꾸고 매장 및 생산실 안의 안전을 높일 수 있다.

직원들이 사용하는 주방기계나 기기의 사용방법을 이해하기 쉽도록 교육하고 사용 매뉴얼을 작업장에 비치하여 직원들이 필요시 바로 볼 수 있도록 구비하고, 매뉴얼을 만들 때는 그림이나 사진으로 누구나 쉽게 보고 이해할 수 있도록 한다.

교육은 상황에 맞게 시범을 보이고 의견을 나눌 수 있는 현장교육, 강의식 교육으로 진행하며 교육시간 동안에 모든 직원들이 적극적으로 참여할 수 있도록 진행한다.

관리자는 직원들에게 안전교육을 실시하고, 직원들은 교육을 이수하여 배운 대로 작업을 하도록 하자.

2. 응급상태 대응방법

관리자와 직원이 사고 예방을 위해 노력했음에도 불구하고 사고는 발생할 수 있으며, 이로 인해 피해가 생기므로 위급상황 때 조치를 빠르게 하는 것이 중요하다.

응급시스템을 연락할 때는 119 또는 경찰서 응급전화를 사용하고 응급상태가 발생 시 119에 사고의 상태, 현 상황을 충분하게 설명하고, 응급대원이 올 때까지 올바른 대응을 하는 것이 중요하다. 그리고 매장에는 구급함을 준비하여 모든 직원들이 사용방법에 대해 교육훈련을 해야 한다.

위생교육과 훈련

• • • •

위생교육은 위생적이고 안전한 제품을 고객에게 제공하기 위해 교육한다. 위생의 기본적인 중요성을 직원들에게 인지시키고 제품에서 발생할 수 있는 오염을 미연에 방지하고, 안전한 제품을 만들기 위한 개인위생을 실시하도록 교육시킨다.

단미사료업도 식품제조업과 동일한 현장이며, 체계적이고 효과적인 위생교육이 법적 규제를 통해 지속적으로 이루어져야 하므로 관리자는 근무하는 직원 대상 위생교육훈련에 있어서 체계적인 교육 및 훈련을 실시해야 한다.

적절한 교육 후에는 실천 여부를 확인할 수 있도록 매장에 지속적인 자체 감시를 하며, 문제점을 개선하기 위해 관리자를 비롯한 직원들에게 위생교육의 중요성을 인식하도록 한다.

1. 교육훈련계획

교육을 계획할 때에는 직원 성과의 목표 기준을 세우며, 목표 기준에 맞춘 직원교육을 위해 적절한 가이드라인을 제시한다.

훈련시간을 계획하고 기준에 대한 성과 측정 도구를 제시하여, 주제와 교육받는 사람에 따라 적절한 교육방법을 선택하고 필요한 교육자료 및 교육장소를 결정해야 한다.

교육자료로는 영상, 책, 포스터 등 여러 가지 교육자료를 이용하여 위생교육을 실시하며, 전문가를 초빙하여 전문적으로 위생교육을 실시할 수도 있다.

2. 교육훈련 실시

교육을 담당하는 강사나 관리자는 교육을 받는 직원들의 개인별 수행하는 업무가 다르므로 이에 적합한 위생 절차와 위생법규에 관한 정보를 전달해야 한다.

그리고 교육받는 직원들의 의견을 적극 반영하여, 적극적인 참여를 유도해야 하며 훈련모임을 계획해야 한다.

위생교육은 왜 필요한지, 무엇을 어떻게 왜 해야 하는지에 대한 위생 지식을 습득하는 단계이다. 그러므로 교육효과를 높이기 위해서는 다음과 같은 내용이 교육과정에 들어가 있어야 한다.

- 위생교육에 대한 직원들의 동기 부여할 수 있는 교육내용
- 교육 진행 시 배울 주요 내용을 글이나 그림으로 설명된 자료
- 교육내용 구성을 이론적인 배경이나 복잡한 과정을 최소화하고 현장에서 바로 실행할 수 있는 현장 위주의 내용으로 구성
- 직원이 자주 제기하는 질문내용을 구성하고 이에 대해 현장에서 적용 가능한 부분의 내용으로 구성

－ 직원들의 적극 참여를 자극할 수 있는 내용으로 구성

3. 교육훈련방법

교육훈련방법에는 교육받는 사람 수에 따라 일대일 교육과 주제 등에 따라 효과적인 교육방법을 선택할 수 있는 그룹 교육방법이 있다.

일대일 교육은 주로 신입사원이나 적은 수의 직원의 재교육이 필요할 때 효과적이다. 직원의 임무와 특정한 처지에 맞게 훈련할 수 있으며, 교육받는 사람의 수준과 교육경력을 고려한 눈높이 맞춤교육을 진행할 수 있다.

가장 큰 장점으로 첫째, 각 개인에게 필요한 것을 빠르게 피드백을 받을 수 있다. 둘째, 업무장소에서 실시하므로 특별한 장소와 시간에 구애받지 않는다. 셋째, 훈련자가 직원의 변화 과정을 관찰할 수 있다. 넷째, 궁금증을 바로 해결할 수 있다. 마지막으로 훈련받는 사람의 관심이 있는 주제를 바로 적용시킬 수 있다.

단점으로는 선배직원이 신입직원을 교육하게 되면, 좋은 점과 나쁜 점을 배울 수 있다. 그러므로 교육을 수행하는 전문 강사 및 교육하는 직원 관리가 필요하다.

그룹 교육은 강의식, 토론식, 시청각 교육, 시범 교육으로 구분할 수 있다.

강의식 교육은 이론적 정보, 지식, 사고방식을 강사의 일방적 설명으로 많은 사람들이 듣는 가장 보편적이며 편리한 방법이며, 교육 강사의 열의와 태도에 따라 학습효과의 차이가 발생한다.

토론식 교육은 문제를 출제하여 그 훈련 조건을 설정한 후에 질문을 하고 직접 토론하며 답을 유추하는 방식으로 집단의 의사와 의사교환을 통해 결론을 도출하게 되며 결론에 도달하도록 관리한다. 다만 단점으로 체계적인 원칙, 진도파악 곤란 등 참가자의 질에 의해 교육만족도가 좌우된다.

시청각 교육은 시청각 매체를 이용하여 보다 많은 감각에 호소하는 학습법으로 현실성이 높고, 흥미 있는 학습동기 부여로 인하여 학습속도가 효과적이다. 다만 시청각 교육생이 시청각 자료에 집중하지 않으면 쉽게 지나갈 수 있다는 단점이 있다.

시범 교육은 실제 현장에서 사용되고 있는 재료, 기기 설비를 이용하여 시각적 관찰을 통한 실제 업무의 행동 및 기술교육을 한다. 그러므로 단순한 강의보다 분위기가 좋으며 현장에서 실시하므로 흥미 유발 및 요점을 빠르게 습득할 수 있다. 다만 교육생의 숙지도 파악이 어렵고 다수 대상으로 비용이 많이 들고 교육 시 잔일이 많으며 불편한 점이 단점이 있다.

4. 교육의 평가

위생교육이 종료된 후에는 교육 목적의 달성 여부를 파악하는 것이 중요하다. 교육을 실시할 때는 교육을 받는 사람들의 수준에 맞게 실시하며 그들에게 위생교육의 목적을 전달하고 이를 실행할 수 있도록 동기 부여를 했는지 알아보는 것이 중요하다.

교육효과를 평가하기 위해서 교육이 끝난 후 관리자는 직원이 수행하는 업무를 관찰하여 교육받은 대로 업무를 수행하는지 확인하여 잘 수행하면 칭찬하고 그렇지 않으면 올바른 방법을 지도하여 올바른 위생교육을 실시할 수 있도록 한다.

교육성과를 측정하기 위해 사후 관리 시험을 실시하며 반드시 사후 관리가 필요하며 교육훈련 평가의 결과를 인사고과에 반영함으로써 관리하도록 한다. 사후 관리는 교육훈련의 평가 결과를 다음 교육훈련 내용에 반영되도록 하고 종업원들에게는 교육에 대한 의욕을 느끼게 한다.

사료관리법

· · ·

[시행 2020. 3. 24.] [법률 제17091호, 2020. 3. 24. 타법개정]
농림축산식품부(축산환경자원과) 044-201-2359,2360

제1장 총칙

제1조(목적) 이 법은 사료의 수급안정·품질관리 및 안전성확보에 관한 사항을 규정함으로써 사료의 안정적인 생산과 품질향상을 통하여 축산업의 발전에 이바지하는 것을 목적으로 한다.

제2조(정의) 이 법에서 사용하는 용어의 뜻은 다음과 같다. 〈개정 2013. 3. 23.〉

1. "사료"란「축산법」에 따른 가축이나 그 밖에 농림축산식품부장관이 정하여 고시하는 동물·어류 등(이하 "동물 등"이라 한다)에 영양이 되거나 그 건강유지 또는 성장에 필요한 것으로서 단미사료(單味飼料)·배합사료(配合飼料) 및 보조사료(補助飼料)를 말한다. 다만, 동물용의약으로서 섭취하는 것을 제외한다.

2. "단미사료"란 식물성·동물성 또는 광물성 물질로서 사료로 직접 사용되거나 배합사료의 원료로 사용되는 것으로서 농림축산식품부장관이 정하여 고시하는 것을 말한다.

3. "배합사료"란 단미사료·보조사료 등을 적정한 비율로 배합 또는 가공한 것으로서 용도에 따라 농림축산식품부장관이 정하여 고시하는 것을 말한다.

4. "보조사료"란 사료의 품질저하 방지 또는 사료의 효용을 높이기 위하여 사료에 첨가하는 것으로서 농림축산식품부장관이 정하여 고시하는 것을 말한다.

5. "제조업"이란 사료를 제조(혼합·배합·화합 또는 가공하는 경우를 포함한다. 이하 같다)하여 판매 또는 공급하는 업을 말한다.

6. "수입업"이란 사료를 수입하여 판매(단순히 재포장하는 경우를 포함한다. 이하 같다)하는 업을 말한다.

7. "제조업자"란 제조업을 영위하는 자를 말한다.

8. "수입업자"란 수입업을 영위하는 자를 말한다.

9. "판매업자"란 제조업자 및 수입업자 외의 자로서 사료의 판매를 업으로 하는 자를 말한다.

제3조(사료시책의 수립ㆍ시행 및 재정지원) ① 농림축산식품부장관은 사료의 수급조절ㆍ가격안정ㆍ품질향상 및 안전성확보와 사료자원개발 등에 필요한 시책을 수립ㆍ시행하여야 한다. 〈개정 2013. 3. 23.〉

② 농림축산식품부장관은 사료의 수급안정에 필요하다고 인정하는 경우에는 사료의 생산ㆍ수출ㆍ수입 및 공급 등에 관한 수급계획을 수립ㆍ시행할 수 있다. 〈개정 2013. 3. 23.〉

③ 정부는 제1항 및 제2항에 따른 시책 및 수급계획의 수립ㆍ시행을 위하여 제조업자 또는 사료의 수급안정 및 품질향상을 목적으로 설립되어 농림축산식품부장관의 승인을 받은 단체(이하 "사료관련 단체"라 한다)에 예산의 범위 안에서 보조금을 지급하거나 재정자금을 융자할 수 있다. 〈개정 2013. 3. 23.〉

제4조(적용 배제) 제조업자가 농림축산식품부령으로 정하는 사료를 수출하기 위하여 제조하는 경우에는 이 법을 적용하지 아니한다. 〈개정 2013. 3. 23.〉

제2장 사료의 수급안정

제5조(사료의 수급안정을 위한 지원) 농림축산식품부장관은 사료의 수급안정에 필요하다고 인정하는 경우에는 사료관련 단체가 사료를 수출ㆍ수입 및 공급하는데 필요한 지원을 할 수 있다. 〈개정 2013. 3. 23.〉

제6조(사료의 수입추천 등) ① 「세계무역기구 설립을 위한 마라케쉬 협정」에 따른 대한민국 양허표(讓許表)상의 시장접근물량(市場接近物量)에 적용되는 양

허세율(讓許稅率)로 사료를 수입하려는 자는 농림축산식품부장관의 추천을 받아야 한다. 〈개정 2013. 3. 23.〉

② 농림축산식품부장관은 제1항에 따른 사료의 수입에 대한 추천업무를 「농업협동조합법」 제121조에 따라 설립된 중앙회(농협경제지주회사를 포함한다) 또는 사료관련 단체로 하여금 대행하게 할 수 있다. 이 경우 대상 품목, 품목별 추천물량 및 추천기준 등에 필요한 사항은 농림축산식품부장관이 정한다. 〈개정 2013. 3. 23., 2016. 12. 27.〉

제7조(사료의 용도 외 판매금지) ① 누구든지 수입한 사료를 다른 사료의 원료용 또는 동물 등의 먹이, 그 밖의 농림축산식품부령으로 정하는 용도 외로 판매하여서는 아니 된다. 〈개정 2013. 3. 23.〉

② 농림축산식품부장관은 수입한 사료의 용도 외 사용을 방지하기 위하여 수입사료의 사후관리 등에 필요한 사항을 정하여 고시한다. 〈개정 2013. 3. 23.〉

제3장 사료의 품질관리 등

제8조(제조업의 등록 등) ① 제조업을 영위하려는 자는 농림축산식품부령으로 정하는 바에 따라 특별시장·광역시장·특별자치시장·도지사 또는 특별자치도지사(이하 "시·도지사"라 한다)에게 등록하여야 한다. 다만, 농업활동, 양곡 가공 또는 식품 제조를 하는 자가 그 과정에서 부수적으로 생겨난 부산물(단미사료 또는 보조사료에 해당하는 것으로 한정한다) 중 농림축산식품부령으로 정하는 부산물을 사용하여 농림축산식품부령으로 정하는 규모 이하로 사료를 제조하여 판매 또는 공급하는 경우에는 등록하지 아니할 수 있다. 〈개정 2013. 3. 23., 2016. 5. 29.〉

② 제1항 본문에 따라 제조업 등록을 하려는 자는 농림축산식품부령으로 정하는 시설기준에 적합한 제조시설을 갖추어야 한다. 다만, 「약사법」 제31조 및 같은 법 제85조에 따른 동물용의약품등의 제조업자, 「식품위생법」 제36조에 따른 식품·식품첨가물의 제조업자 또는 「건강기능식품에 관한 법률」 제4조에 따른 건강기능식품의 제조업자가 직접 생산하는 제품 중 일부를 사료로 제조하여 판매하거나 공급하기 위하여 제조업 등록을 하려는 경우에는 그러하지 아니하다. 〈개정 2009. 2. 6., 2013. 3. 23., 2016. 5. 29.〉

③ 제2항 본문에 따른 제조시설을 갖추어 제1항 본문에 따라 제조업 등록을 한 자가 농림축산식품부령으로 정하는 제조시설을 변경하려는 경우에는 시·도지사에게 신고하여야 한다. 〈개정 2013. 3. 23., 2016. 5. 29.〉

④ 시·도지사는 제3항에 따른 신고를 받은 날부터 10일 이내에 신고수리 여부를 신고인에게 통지하여야 한다. 〈신설 2018. 12. 31.〉

⑤ 시·도지사가 제4항에서 정한 기간 내에 신고수리 여부 또는 민원 처리 관련 법령에 따른 처리기간의 연장을 신고인에게 통지하지 아니하면 그 기간(민원 처리 관련 법령에 따라 처리기간이 연장 또는 재연장된 경우에는 해당 처리기간을 말한다)이 끝난 날의 다음 날에 신고를 수리한 것으로 본다. 〈신설 2018. 12. 31.〉

⑥ 제1항 본문에 따라 제조업 등록을 한 자가 휴업·폐업 또는 휴업 후 영업을 재개하려는 경우에는 농림축산식품부령으로 정하는 바에 따라 시·도지사에게 신고하여야 한다. 〈개정 2013. 3. 23., 2016. 5. 29., 2018. 12. 31.〉

제9조(제조업의 승계) ① 제조업자가 그 제조업을 양도하거나 사망한 때 또

는 법인의 합병이 있는 때에는 그 양수인·상속인 또는 합병 후 존속하는 법인이나 합병에 따라 설립되는 법인(이하 "양수인 등"이라 한다)은 그 제조업자의 지위를 승계한다.

② 「민사집행법」에 따른 경매, 「채무자 회생 및 파산에 관한 법률」에 따른 환가(換價)나 「국세징수법」·「관세법」 또는 「지방세징수법」에 따른 압류재산의 매각, 그 밖에 이에 준하는 절차에 따라 제조시설의 전부를 인수한 자는 그 제조업자의 지위를 승계한다. 〈개정 2010. 3. 31., 2016. 12. 27.〉

③ 제1항 또는 제2항에 따라 제조업자의 지위를 승계한 자는 30일 이내에 농림축산식품부령으로 정하는 바에 따라 시·도지사에게 신고하여야 한다. 〈개정 2013. 3. 23.〉

④ 제25조는 제1항 및 제2항에 따라 제조업자의 지위를 승계한 자에 대하여 준용한다.

제10조(사료안전관리인) ① 제조업자 중 미량광물질 등 대통령령으로 정하는 사료를 제조하는 자는 사료의 안전성 관리를 위하여 사료안전관리인을 두어야 한다.

② 제1항에 따른 사료안전관리인은 사료의 품질관리 및 안전성이 확보될 수 있도록 사료의 제조에 종사하는 자를 지도·감독하며, 원료·제품 및 시설에 대한 관리를 한다.

③ 사료안전관리인이 제2항에 따른 지도·감독 및 관리 과정에서 이 법 또는 이 법에 따른 명령이나 처분에 위반되는 사실을 알았을 때에는 제조업자에게 그 사실과 함께 시정을 요청하고, 해당 내용을 시·도지사에게 지체 없이 보고하여야 한다. 이 경우 시·도지사는 제조업자의 조치

여부 등을 확인한 후 필요한 조치를 명할 수 있다.

④ 제1항에 따라 사료안전관리인을 둔 제조업자는 제2항에 따른 사료안전관리인의 업무를 방해하여서는 아니 되며, 사료안전관리인으로부터 업무수행에 필요한 요청을 받으면 정당한 사유가 없으면 이에 따라야 한다. 〈개정 2020. 2. 11.〉

⑤ 제1항에 따라 사료안전관리인을 둔 제조업자는 사료안전관리인이 여행·질병이나 그 밖의 사유로 일시적으로 그 직무를 수행할 수 없는 경우 농림축산식품부령으로 정하는 바에 따라 대리자를 지정하여 사료안전관리인의 직무를 대행하게 하여야 한다. 〈신설 2018. 12. 31.〉

⑥ 사료안전관리인의 자격·직무·인원 및 사료안전관리인 대리자의 대행기간과 그 밖에 필요한 사항은 농림축산식품부령으로 정한다. 〈개정 2013. 3. 23., 2018. 12. 31.〉

제11조(사료의 공정 등) ① 농림축산식품부장관은 사료의 품질보장 및 안전성확보에 필요하다고 인정하는 경우에는 사료의 제조·사용 및 보존방법에 관한 기준과 사료의 성분에 관한 규격(이하 "사료공정"이라 한다)을 설정·변경 또는 폐지할 수 있다. 이 경우 농림축산식품부장관은 이를 고시하여야 한다. 〈개정 2013. 3. 23.〉

② 사료공정이 설정된 사료는 그 사료공정에 따라 제조·사용 또는 보존하여야 한다.

③ 제1항에 따른 사료공정의 고시는 특별한 사유가 없으면 그 고시일부터 30일이 지난날부터 시행되도록 하여야 한다. 〈개정 2020. 2. 11.〉

④ 사료공정의 설정·변경 또는 폐지의 절차 및 방법 등에 필요한 사항은 농림축산식품부령으로 정한다. 〈개정 2013. 3. 23.〉

제12조(사료의 성분등록 및 취소) ① 제조업자 또는 수입업자는 시·도지사에게 제조 또는 수입하려는 사료의 종류·성분 및 성분량, 그 밖에 농림축산식품부장관이 정하는 사항을 등록(이하 "성분등록"이라 한다)하여야 한다. 다만, 농림축산식품부령으로 정하는 사료(제8조 제1항 단서에 따라 제조업의 등록을 하지 아니하는 자가 제조하는 사료는 제외한다)에 대하여는 성분등록을 하지 아니할 수 있다. 〈개정 2013. 3. 23., 2016. 5. 29.〉

② 시·도지사가 성분등록의 신청을 받은 경우에는 그 내용이 사료공정 등에 적합한지의 여부를 확인하고, 적합한 경우에는 성분등록증을 지체 없이 해당 신청인에게 교부하여야 한다.

③ 시·도지사는 제조업자 또는 수입업자가 다음 각호의 어느 하나에 해당하는 경우에는 성분등록을 취소한다. 이 경우 제조업자 또는 수입업자는 그 사료성분등록증을 시·도지사에게 반납하여야 한다.

1. 거짓이나 그 밖의 부정한 방법으로 등록을 한 경우

2. 성분등록한 사료를 정당한 사유 없이 1년 이상 제조 또는 수입하지 아니한 경우

3. 제조업의 등록이 취소된 경우

제13조(사료의 표시사항) ① 제조업자 또는 수입업자는 제조 또는 수입한 사료를 판매하려는 경우에는 용기나 포장에 성분등록을 한 사항, 그 밖의 사용상 주의사항 등 농림축산식품부령으로 정하는 사항을 표시하여야 한다. 〈개정 2013. 3. 23.〉

② 제조업자 또는 수입업자는 제1항에 따른 표시사항을 거짓으로 표시하거나 과장하여 표시하여서는 아니 된다.

제13조의2(유전자변형농수축산물등의 표시) ① 제조업자 또는 수입업자는 다음

각호의 현대생명공학기술을 활용하여 새롭게 조합된 유전물질을 포함하고 있고 「유전자변형생물체의 국가간 이동 등에 관한 법률」 제8조에 따라 수입승인된 생물체(이하 "수입승인된 유전자변형생물체"라 한다)를 원재료로 하여 제조·가공한 사료의 포장재와 용기에 수입승인된 유전자변형생물체가 원료로 사용되었음을 표시하여야 한다.

1. 인위적으로 유전자를 재조합하거나 유전자를 구성하는 핵산을 세포 또는 세포 내 소기관으로 직접 주입하는 기술

2. 분류학에 따른 과(科)의 범위를 넘는 세포융합 기술

② 제1항에 따른 표시의무자, 표시대상 및 표시방법 등에 필요한 사항은 농림축산식품부장관이 정한다.

[본조신설 2018. 12. 31.]

제14조(제조·수입·판매 또는 사용 등의 금지) ① 제조업자·수입업자 또는 판매업자는 다음 각호의 어느 하나에 해당하는 사료를 제조·수입 또는 판매하거나 사료의 원료로 사용하여서는 아니 된다. 〈개정 2013. 3. 23., 2020. 2. 11.〉

1. 인체 또는 동물 등에 해로운 유해물질이 허용기준 이상으로 포함되거나 잔류된 것

2. 동물용의약품이 허용기준 이상으로 잔류된 것

3. 인체 또는 동물 등의 질병의 원인이 되는 병원체에 오염되었거나 현저히 부패 또는 변질되어 사료로 사용될 수 없는 것

4. 제1호부터 제3호까지의 규정 외에 동물 등의 건강유지나 성장에 지장을 초래하여 축산물의 생산을 현저하게 저해하는 것으로서 농림축산식품부장관이 정하여 고시하는 것

5. 성분등록을 하지 아니하고 제조 또는 수입된 것

6. 제19조 제1항에 따른 수입신고를 하지 아니하고 수입된 것

7. 인체 또는 농림축산식품부장관이 정하여 고시한 동물 등의 질병원인이 우려되어 사료로 사용하는 것을 금지한 동물 등의 부산물·남은 음식물 등 농림축산식품부장관이 정하여 고시한 것

② 누구든지 동물 등에게 제1항 제7호의 사료를 사용하여서는 아니 된다.

③ 제1항 제1호 및 제2호에 따른 유해물질·동물용의약품의 범위 및 허용 기준은 농림축산식품부장관이 정하여 고시한다. 〈개정 2013. 3. 23.〉

제15조(사료의 함량·혼합 제한 등) ① 농림축산식품부장관은 사료의 품질유지 및 환경오염방지를 위하여 사료 중 특정성분의 함량을 제한할 수 있다. 〈개정 2013. 3. 23.〉

② 농림축산식품부장관은 서로 혼합되는 경우 해당 사료의 품질을 저하되게 하거나 해당 사료의 구별을 불가능하게 하는 물질·사료의 혼합을 제한할 수 있다. 〈개정 2013. 3. 23.〉

③ 제1항에 따라 함량을 제한할 수 있는 특정성분과 그 제한기준 및 제2항에 따라 혼합을 제한할 수 있는 물질·사료와 그 제한기준은 농림축산식품부장관이 정하여 고시한다. 〈개정 2013. 3. 23.〉

제16조(위해요소중점관리기준) ① 농림축산식품부장관은 사료의 원료관리, 제조 및 유통의 과정에서 위해(危害)한 물질이 해당 사료에 혼입되거나 해당 사료가 오염되는 것을 방지하기 위하여 사료별로 제조시설 및 공정관리의 절차를 정하거나 각 과정별 위해요소를 중점적으로 관리하는 기준(이하 "위해 요소중점관리기준"이라 한다)을 농림축산식품부령으로 정하는 기준에 따라 정하

여 고시한다. 〈개정 2013. 3. 23.〉

② 농림축산식품부장관은 위해요소중점관리기준을 정하는 경우에는 농림축산식품부령으로 정하는 바에 따라 해당 사료를 제조하는 제조업자에게 이를 준수하게 할 수 있다. 〈개정 2013. 3. 23.〉

③ 농림축산식품부장관은 제조업자 중 위해요소중점관리기준의 준수를 원하는 제조업자의 사료공장을 위해요소중점관리기준 적용 사료공장으로 지정할 수 있다. 〈개정 2013. 3. 23.〉

④ 농림축산식품부장관은 제3항에 따라 위해요소중점관리기준 적용 사료공장의 지정을 받은 제조업자에게 농림축산식품부령으로 정하는 바에 따라 그 지정사실을 증명하는 서류를 발급하여야 한다. 〈개정 2013. 3. 23.〉

⑤ 농림축산식품부장관은 위해요소중점관리기준의 효율적인 운용을 위하여 위해요소중점관리기준 적용 사료공장의 지정을 받기를 희망하거나 지정을 받은 제조업자(종업원을 포함한다)에게 위해요소중점관리에 필요한 기술·정보를 제공하거나 교육훈련을 실시할 수 있다. 〈개정 2013. 3. 23.〉

⑥ 농림축산식품부장관은 제5항에 따른 교육훈련을 농림축산식품부령으로 정하는 기관에 위탁하여 실시할 수 있다. 〈개정 2013. 3. 23.〉

⑦ 농림축산식품부장관은 위해요소중점관리기준 적용 사료공장이 다음 각 호의 어느 하나에 해당하는 경우에는 농림축산식품부령으로 정하는 바에 따라 그 지정을 취소하거나 시정을 명할 수 있다. 다만, 제1호 또는 제4호에 해당하는 경우에는 그 지정을 취소하여야 한다. 〈개정 2013. 3. 23.〉

1. 거짓이나 그 밖의 부정한 방법으로 지정을 받은 경우

2. 시정명령을 받고 정당한 사유 없이 이에 따르지 아니한 경우

3. 위해요소중점관리기준을 준수하지 아니한 경우

4. 제25조 제1항 제8호·제9호·제12호부터 제14호까지의 규정·제16호·제18호 및 제19호에 해당하여 2개월 이상의 영업의 전부 정지명령을 받은 경우

5. 그 밖에 제2호 및 제3호에 준하는 것으로서 농림축산식품부령으로 정하는 경우

⑧ 제3항에 따른 위해요소중점관리기준 적용 사료공장으로 지정을 받지 아니한 제조업자는 위해요소중점관리기준 적용 사료공장이라는 명칭을 사용하지 못한다.

⑨ 농림축산식품부장관 또는 시·도지사는 위해요소중점관리기준 적용 사료공장의 지정을 받은 제조업자에 대하여 제조시설의 개선을 위한 융자사업 등의 우선지원을 할 수 있다. 〈개정 2013. 3. 23.〉

⑩ 위해요소중점관리기준 적용 사료공장은 농림축산식품부령으로 정하는 바에 따라 위해요소중점관리기준의 준수 여부 등에 관한 심사를 받아야 한다. 〈개정 2013. 3. 23.〉

⑪ 제3항에 따른 위해요소중점관리기준 적용 사료공장의 지정요건 및 지정절차 등, 제5항에 따른 교육훈련의 내용 등과 제10항에 따른 심사의 방법 및 절차 등에 필요한 사항은 농림축산식품부령으로 정한다. 〈개정 2013. 3. 23.〉

제17조(사료공장의 위해요소중점관리 담당기관 지원 등) ① 농림축산식품부장관은 위해요소중점관리기준의 제정 및 사료공장 적용 등의 업무를 효율적으로 수행하기 위하여 사료공장의 위해요소중점관리를 담당할 기관을 지정하여

그 운영에 필요한 경비를 지원할 수 있다. 〈개정 2013. 3. 23.〉

② 제1항에 따른 사료공장의 위해요소중점관리 담당기관의 지정기준 및 운영 등에 필요한 사항은 대통령령으로 정한다.

제18조(사료공정서의 작성·보급) 농림축산식품부장관은 사료공정, 제13조 제1항에 따른 사료의 표시 및 제15조에 따른 사료의 함량·혼합 제한 등에 관한 사항을 수록한 사료공정서를 작성·보급하여야 한다. 〈개정 2013. 3. 23.〉

제4장 사료검사 등

제19조(사료의 수입신고 등) ① 수입업자는 농림축산식품부장관이 정하여 고시하는 사료를 수입하려는 경우에는 농림축산식품부령으로 정하는 바에 따라 농림축산식품부장관에게 신고하여야 한다. 〈개정 2013. 3. 23.〉

② 농림축산식품부장관은 사료의 안전성확보·수급안정 등 농림축산식품 부령으로 정하는 사유가 있는 경우에는 제1항에 따라 신고된 사료에 대하여 통관절차 완료 전에 관계 공무원으로 하여금 필요한 검정을 하게 하여야 한다. 〈개정 2013. 3. 23.〉

③ 수입업자가 제1항에 따른 신고를 할 경우 제20조의2 제1항에 따라 지정된 사료시험검사기관(이하 "사료시험검사기관"이라 한다)이나 제22조에 따른 사료검정기관에서 검정을 받아 그 검정증명서를 제출하는 경우에는 농림축산식품부령으로 정하는 바에 따라 제2항에 따른 검정을 갈음하거나 그 검정항목을 조정하여 검정할 수 있다. 〈개정 2013. 3. 23., 2018. 12. 31., 2020. 2. 11.〉

④ 농림축산식품부장관은 제1항에 따른 신고를 받은 경우 그 내용을 검토하여 이 법에 적합하면 신고를 수리하여야 한다. 〈신설 2018. 12. 31.〉

⑤ 제2항에 따른 검정의 항목·방법 및 기준 등에 필요한 사항은 농림축산식품부령으로 정한다. 〈개정 2013. 3. 23., 2018. 12. 31.〉

제20조(자가품질검사) ① 제조업자 또는 수입업자는 사료의 품질관리 및 안전성 확보를 위하여 농림축산식품부령으로 정하는 시설을 갖추고 그가 제조 또는 수입하는 사료에 대하여 다음 각호의 사항을 검사하여야 한다. 이 경우 제조업자 또는 수입업자는 다른 제조업자 또는 수입업자와 공동으로 시설을 갖출 수 있다. 〈개정 2013. 3. 23.〉

1. 사료공정에 적합한지의 여부

2. 성분등록된 사항과 차이가 있는지의 여부

3. 제14조 제1항 제1호부터 제4호까지의 규정에 해당하는지의 여부

② 제조업자 또는 수입업자는 제1항에 따른 검사를 하려는 경우 사료시험검사기관에 의뢰하여 검정을 할 수 있다. 〈개정 2013. 3. 23., 2018. 12. 31.〉

③ 사료시험검사기관은 제2항에 따라 검정을 실시한 경우에는 농림축산식품부령으로 정하는 바에 따라 제조업자 또는 수입업자에게 사료검정증명서를 발급하여야 한다. 〈개정 2013. 3. 23., 2018. 12. 31.〉

④ 제조업자 또는 수입업자가 제1항에 따라 자가품질검사를 실시한 경우에는 그 품질검사에 관한 기록서를 2년간 보관하여야 한다.

⑤ 제1항에 따른 검사의 기준 및 절차에 필요한 사항은 농림축산식품부령으로 정한다. 〈개정 2018. 12. 31.〉

제20조의2(사료시험검사기관의 지정 등) ① 농림축산식품부장관은 제20조 제1항에 따른 사료의 검사 등의 업무를 수행할 수 있는 기관을 사료시험검사기관으로 지정할 수 있다.

② 사료시험검사기관으로 지정받으려는 자는 사료의 검사 등을 위하여 필요한 시설과 인력 등 농림축산식품부령으로 정하는 지정기준을 갖추어 농림축산식품부장관에게 신청하여야 한다.

③ 농림축산식품부장관은 제1항에 따라 사료시험검사기관을 지정한 경우에는 농림축산식품부 인터넷 홈페이지에 그 사실을 공고하여야 한다.

④ 사료시험검사기관 지정의 유효기간은 지정받은 날부터 3년으로 한다. 이 경우 지정의 유효기간이 만료된 후에도 계속해서 사료의 검사 등의 업무를 하려는 사료시험검사기관은 지정의 유효기간이 만료되기 2개월 전까지 다시 지정을 신청하여야 한다.

⑤ 제1항부터 제4항까지에서 규정한 사항 외에 사료시험검사기관의 지정 절차, 지정받은 사항을 변경하려는 경우의 절차 및 그 밖에 사료시험검사기관 지정에 필요한 사항은 농림축산식품부령으로 정한다.

[본조신설 2018. 12. 31.]

제20조의3(사료시험검사기관의 지정취소 등) ① 농림축산식품부장관은 사료시험검사기관이 다음 각호의 어느 하나에 해당하는 경우에는 지정을 취소하거나 6개월 이내의 기간을 정하여 업무의 정지 또는 시정을 명할 수 있다. 다만, 제1호에 해당하는 경우에는 지정을 취소하여야 한다.

1. 거짓이나 그 밖에 부정한 방법으로 지정을 받은 경우

2. 고의 또는 중대한 과실로 사료검정증명서를 사실과 다르게 발급한 경우

3. 업무 정지 기간 중 제20조 제2항에 따른 업무를 한 경우

4. 제20조의2 제2항에 따른 지정기준을 갖추지 못하게 된 경우

② 제1항에 따라 사료시험검사기관의 지정이 취소된 자는 지정이 취소된 날부터 2년간 사료시험검사기관의 지정을 받을 수 없다.

③ 농림축산식품부장관은 제1항에 따라 사료시험검사기관의 지정을 취소한 경우에는 그 사실을 농림축산식품부 인터넷 홈페이지에 공고하여야 한다.

④ 제1항에 따른 지정의 취소, 업무의 정지 및 시정명령의 세부기준은 농림축산식품부령으로 정한다.

[본조신설 2018. 12. 31.]

제21조(사료검사) ① 농림축산식품부장관 또는 시·도지사는 사료의 안전성확보와 품질관리에 필요하다고 인정하거나 사료의 수요자로부터 제20조 제1항 각호의 사항 등에 대한 검사를 의뢰받은 경우에는 사료검사를 실시할 수 있다. 〈개정 2013. 3. 23.〉

② 농림축산식품부장관 또는 시·도지사는 제1항에 따라 사료검사를 실시하는 경우에는 농림축산식품부령으로 정하는 바에 따라 관계 공무원 또는 농림축산식품부장관이 지정하는 자(이하 "사료검사원"이라 한다)로 하여금 제조업자·수입업자 또는 판매업자가 제조·수입 또는 판매하는 사료를 검사하거나 검사에 필요한 최소량의 시료(試料)를 무상으로 수거(收去)하게 할 수 있다. 〈개정 2013. 3. 23.〉

③ 사료검사원의 자격·직무범위 등에 필요한 사항은 농림축산식품부령으로 정한다. 〈개정 2013. 3. 23.〉

제22조(사료검정기관 지정 등) ① 농림축산식품부장관은 제21조에 따라 수거

한 사료의 검정을 행하게 하기 위하여 다음 각호의 시설을 모두 갖춘 기관을 사료검정기관으로 지정할 수 있다. 〈개정 2013. 3. 23.〉

1. 사료의 일반 조성분을 분석할 수 있는 시설

2. 사료의 현미경검사를 할 수 있는 시설

3. 유해물질을 분석할 수 있는 시설

4. 열량·아미노산·비타민 및 광물질을 분석할 수 있는 시설

5. 미생물·유해독소와 사료로서 부적합한 것의 혼합 여부를 검정 또는 감별할 수 있는 시설

6. 유기산·효소 등을 분석할 수 있는 시설

7. 잔류농약과 동물용의약품을 분석할 수 있는 시설

② 제1항에 따른 사료검정기관의 지정방법 및 사료의 검정방법 등에 필요한 사항은 농림축산식품부령으로 정한다. 〈개정 2013. 3. 23.〉

③ 농림축산식품부장관은 제1항에 따라 지정된 사료검정기관이 다음 각호의 어느 하나에 해당하는 경우에는 그 지정을 취소하거나 6개월 이내의 기간을 정하여 검정업무의 정지 또는 시정을 명할 수 있다. 다만, 제1호 또는 제2호에 해당하는 경우에는 그 지정을 취소하여야 한다. 〈개정 2013. 3. 23.〉

1. 거짓이나 그 밖의 부정한 방법으로 지정을 받은 경우

2. 검정업무정지기간 중에 검정업무를 한 경우

3. 제1항에 따른 지정요건에 적합하지 아니하게 된 경우

4. 시정명령을 받고 이를 이행하지 아니한 경우

5. 제2항에 따른 사료의 검정방법을 위반하여 검정한 경우

제23조(사료의 재검사) ① 농림축산식품부장관 또는 시·도지사는 제21조에

따른 사료검사 결과 해당 사료가 사료공정에 위반되거나 제24조 각호의 어느 하나에 해당하는 경우에는 해당 제조업자 또는 수입업자에게 그 검사 결과를 통보하여야 한다. 〈개정 2013. 3. 23.〉

② 제1항에 따른 통보를 받은 제조업자 또는 수입업자는 그 검사 결과에 대하여 이의가 있는 경우에는 농림축산식품부령으로 정하는 바에 따라 농림축산식품부장관 또는 시·도지사에게 재검사를 의뢰할 수 있다. 〈개정 2013. 3. 23.〉

③ 제2항에 따른 재검사의 의뢰를 받은 농림축산식품부장관 또는 시·도지사는 농림축산식품부령으로 정하는 바에 따라 재검사 여부를 결정한 후 그 결과를 해당 제조업자 또는 수입업자에게 통보하여야 한다. 〈개정 2013. 3. 23.〉

④ 농림축산식품부장관 또는 시·도지사는 제3항에 따라 해당 사료에 대하여 재검사를 결정한 경우에는 지체 없이 제22조에 따른 사료검정기관에 재검정을 실시하게 한 후 그 결과를 해당 제조업자 또는 수입업자에게 통보하여야 한다. 이 경우 재검정수수료 및 보세창고료 등 재검사 실시에 따르는 비용은 재검사를 요청한 제조업자 또는 수입업자가 부담한다. 〈개정 2013. 3. 23.〉

제24조(폐기 등의 조치) 농림축산식품부장관 또는 시·도지사는 제21조에 따른 사료검사 결과 또는 제23조에 따른 재검사 결과 해당 사료가 다음 각호의 어느 하나에 해당하는 경우에는 관계 공무원으로 하여금 해당 사료의 제조·수입·판매 또는 공급의 금지에 필요한 조치를 하게 하거나 해당 사료의 제조업자·수입업자 또는 판매업자에게 해당 사료를 회수·폐기, 그 밖에 해당 사료의 품질 및 안전상의 위해가 제거될 수 있도록 용도·처리방법

등을 정하여 필요한 조치를 할 것을 명할 수 있다. 〈개정 2013. 3. 23.〉

1. 사료의 성분이 성분등록된 사항과 농림축산식품부령으로 정하는 기준 이상으로 차이가 나는 경우
2. 제14조 제1항 각호의 어느 하나에 해당하는 경우

제25조(제조업의 등록취소 등) ① 시·도지사는 제조업자 또는 수입업자가 다음 각호의 어느 하나에 해당하는 경우에는 그 등록을 취소하거나 6개월 이내의 기간을 정하여 영업의 전부 또는 일부의 정지를 명할 수 있다. 다만, 제1호 또는 제2호에 해당하는 경우에는 그 등록을 취소하여야 한다. 〈개정 2013. 3. 23.〉

1. 거짓이나 그 밖의 부정한 방법으로 등록을 한 경우
2. 영업정지명령을 위반하여 영업을 한 경우
3. 제7조 제1항을 위반하여 수입한 사료를 판매한 경우
4. 제8조 제2항에 따른 등록기준에 적합하지 아니하게 된 경우
5. 제8조 제3항을 위반하여 신고하지 아니하고 제조시설을 변경한 경우
6. 제10조 제1항을 위반하여 사료안전관리인을 두지 아니한 경우
7. 제10조 제4항을 위반하여 사료안전관리인의 업무를 방해하거나 정당한 사유 없이 사료안전관리인의 요청에 따르지 아니한 경우
8. 제11조 제2항을 위반하여 사료공정에 따라 사료를 제조·사용 또는 보존하지 아니한 경우
9. 제12조 제1항을 위반하여 성분등록을 하지 아니하고 사료를 제조 또는 수입한 경우
10. 제13조 제1항을 위반하여 표시사항을 표시하지 아니하고 제조 또는 수입한 사료를 판매한 경우

11. 제13조 제2항을 위반하여 표시사항을 거짓으로 표시하거나 과장하여 표시한 경우

12. 제14조 제1항 각호의 어느 하나에 해당하는 사료를 제조·수입 또는 판매하거나 사료의 원료로 사용한 경우

13. 제15조 제1항에 따른 특정성분의 함량 제한을 위반한 자

14. 제15조 제2항에 따른 물질·사료의 혼합 제한을 위반한 자

15. 제19조 제1항을 위반하여 신고를 하지 아니하고 사료를 수입한 경우

16. 제20조 제1항에 따라 검사를 하지 아니하고 같은 조 제2항에 따라 검정을 하지도 아니한 경우

17. 제20조 제4항에 따라 농림축산식품부령으로 정하는 검사에 관한 기록을 보존하지 아니한 경우

18. 제24조에 따른 조치명령에 따르지 아니한 경우

19. 제27조 제3항에 따른 조치명령에 따르지 아니한 경우

② 제1항에 따른 행정처분의 기준과 절차 등에 필요한 사항은 농림축산식품부령으로 정한다. 〈개정 2013. 3. 23.〉

제26조(과징금처분) ① 시·도지사는 제조업자 또는 수입업자가 제25조 제1항 제3호부터 제19호까지의 어느 하나에 해당하는 경우에는 영업정지처분을 갈음하여 1천만 원 이하의 과징금을 부과할 수 있다. 다만, 제14조 제1항 제1호를 3회 이상 위반하거나 같은 항 제3호 및 제7호를 위반하여 제25조 제1항 제12호에 해당하는 경우는 제외한다. 〈개정 2020. 2. 11.〉

② 제1항에 따라 과징금을 부과하는 위반행위의 종별·정도 등에 따른 과징금의 금액이나 그 밖에 필요한 사항은 대통령령으로 정한다.

③ 시·도지사는 제1항에 따른 과징금을 납부하여야 할 자가 납부기한까

지 납부하지 아니하면 「지방행정제재·부과금의 징수 등에 관한 법률」에 따라 징수한다. 〈개정 2013. 8. 6., 2020. 3. 24.〉

제5장 보칙

제27조(감독) ① 농림축산식품부장관 또는 시·도지사는 사료의 수급조절 및 품질관리에 필요하다고 인정하는 경우에는 제조업자·수입업자, 그 밖의 관계인에 대하여 필요한 보고를 하게 하거나 관계 공무원으로 하여금 제조업자·수입업자·판매업자·사료시험검사기관 또는 사료검정기관의 사무소·공장 또는 창고에 출입하여 장부·서류·사료, 그 밖의 물건을 검사하게 할 수 있다. 〈개정 2013. 3. 23., 2018. 12. 31.〉

② 농림축산식품부장관 또는 시·도지사는 제14조 제1항 제7호의 사료를 동물 등에게 사용금지하는데 필요하다고 인정하는 경우에는 관계 공무원으로 하여금 농가 등에 출입하여 이를 검사하게 할 수 있다. 〈개정 2013. 3. 23.〉

③ 농림축산식품부장관 또는 시·도지사는 제1항 및 제2항에 따른 검사 결과 필요하다고 인정하는 경우에는 제조업자·수입업자·사료시험검사기관·사료검정기관·농가 등에 대하여 시설·기계 및 장비의 개선·보완, 그 밖의 농림축산식품부령으로 정하는 조치를 명할 수 있다. 〈개정 2013. 3. 23., 2018. 12. 31.〉

제27조의2(사료관리정보시스템의 구축·운영) ① 농림축산식품부장관은 사료의 수급안정·품질관리 및 안전성 확보에 관한 업무를 효율적으로 수행하기 위하여 정보시스템(이하 "사료관리정보시스템"이라 한다)을 구축·운영할 수 있다.

② 농림축산식품부장관은 사료관리정보시스템의 구축·운영을 위하여 필요한 경우에는 시·도지사, 「농업협동조합법」에 따른 농협경제지주회사, 사료관련 단체 및 제조업자 등에게 필요한 자료의 입력 또는 제출을 요청할 수 있다. 이 경우 요청을 받은 자는 특별한 사유가 없으면 이에 협조하여야 한다. 〈개정 2020. 2. 11.〉

③ 제1항 및 제2항에서 정한 사항 외에 사료관리정보시스템의 구축·운영에 필요한 사항은 농림축산식품부령으로 정한다.

[본조신설 2018. 12. 31.]

제28조(수수료 등) ① 다음 각호의 어느 하나에 해당하는 자는 농림축산식품부령으로 정하는 바에 따라 수수료를 납부하여야 한다. 〈개정 2013. 3. 23., 2016. 5. 29.〉

1. 제8조 제1항 본문에 따라 제조업의 등록을 하는 자

2. 제12조 제1항에 따라 성분등록을 하는 자

3. 제16조 제3항에 따라 지정을 받는 자

4. 제16조 제5항에 따라 교육훈련을 받는 자

5. 제16조 제10항에 따라 심사를 받는 자

② 다음 각호의 어느 하나에 해당하는 자는 농림축산식품부령으로 정하는 바에 따라 검사료를 납부하여야 한다. 〈개정 2013. 3. 23.〉

1. 제20조 제2항에 따라 사료의 검사를 의뢰하는 자

2. 제21조 제1항에 따라 사료의 검사를 의뢰하는 자

3. 제23조 제2항에 따라 사료의 재검사를 의뢰하는 자

제29조(증표의 제시) 제19조 제2항·제21조 제2항·제24조 또는 제27조 제

1항 및 제2항에 따라 검정·검사 또는 폐기조치 등을 하는 자는 그 권한을 나타내는 증표를 지니고 이를 관계인에게 내보여야 한다.

제30조(청문) ① 농림축산식품부장관은 제20조의3 제1항에 따라 사료시험 검사기관의 지정을 취소하려는 경우에는 청문을 하여야 한다. 〈신설 2018. 12. 31.〉

② 시·도지사는 제25조에 따른 제조업자에 대한 등록취소 처분을 하려는 경우에는 청문을 하여야 한다. 〈개정 2018. 12. 31.〉

제31조(권한의 위임·위탁) ① 이 법에 따른 농림축산식품부장관의 권한은 그 일부를 대통령령으로 정하는 바에 따라 소속 기관장 또는 시·도지사에 게 위임할 수 있다. 〈개정 2013. 3. 23.〉

② 농림축산식품부장관은 제19조에 따른 사료의 수입신고의 수리 및 검정 업무를 대통령령으로 정하는 바에 따라 사료관련 단체에 위탁할 수 있 다. 〈개정 2013. 3. 23.〉

③ 시·도지사는 제12조 제1항에 따른 성분등록에 관한 업무를 대통령령 으로 정하는 바에 따라 사료관련 단체에 위탁할 수 있다.

제32조(벌칙 적용에서의 공무원 의제) 사료시험검사기관에서 검정 업무에 종사 하는 임직원, 제22조에 따라 검정업무에 종사하는 사료검정기관의 임직원, 또는 제31조 제2항 및 제3항에 따라 위탁한 업무에 종사하는 사료관련 단체 의 임직원은「형법」제129조부터 제132조까지의 규정에 따른 벌칙의 적용에 서는 공무원으로 본다. 〈개정 2018. 12. 31.〉

제6장 벌칙

제33조(벌칙) 다음 각호의 어느 하나에 해당하는 자는 3년 이하의 징역 또는 3천만 원 이하의 벌금에 처한다. 〈개정 2015. 2. 3.〉

1. 제14조 제1항을 위반하여 사료를 제조·수입 또는 판매하거나 사료의 원료로 사용한 자
2. 제14조 제2항을 위반하여 사료를 사용한 자

제34조(벌칙) 다음 각호의 어느 하나에 해당하는 자는 1년 이하의 징역 또는 1천만 원 이하의 벌금에 처한다. 〈개정 2015. 2. 3., 2016. 5. 29.〉

1. 제7조 제1항을 위반하여 수입한 사료를 판매한 자
2. 제8조 제1항 본문을 위반하여 등록을 하지 아니하고 제조업을 영위하거나 거짓이나 그 밖의 부정한 방법으로 등록한 자
3. 제10조 제1항을 위반하여 사료안전관리인을 두지 아니한 자
4. 제10조 제4항을 위반하여 사료안전관리인의 업무를 방해하거나 정당한 사유 없이 사료안전관리인의 요청에 따르지 아니한 자
5. 제11조 제2항을 위반하여 사료공정에 따라 사료를 제조·사용 또는 보존하지 아니한 자
6. 제12조 제1항을 위반하여 성분등록을 하지 아니하고 사료를 제조 또는 수입하거나 거짓이나 그 밖의 부정한 방법으로 성분등록을 한 자
7. 제13조 제1항을 위반하여 표시사항을 표시하지 아니하고 제조 또는 수입한 사료를 판매한 자
8. 제13조 제2항을 위반하여 표시사항을 거짓으로 표시하거나 과장하여 표시한 자

9. 제15조 제1항에 따른 특정성분의 함량 제한을 위반한 자

10. 제15조 제2항에 따른 물질·사료의 혼합 제한을 위반한 자

11. 제19조 제1항을 위반하여 신고하지 아니하고 사료를 수입한 자

12. 제20조 제1항에 따라 검사를 하지 아니하고 같은 조 제2항에 따라 검정을 하지도 아니한 자

13. 제24조에 따른 조치명령에 따르지 아니한 자

14. 제25조에 따른 영업정지명령을 위반하여 영업을 한 자

15. 제27조 제3항에 따른 조치명령에 따르지 아니한 자

제35조(양벌규정) ① 법인의 대표자, 대리인, 사용인, 그 밖의 종업원이 그 법인의 업무에 관하여 제33조 또는 제34조의 위반행위를 하면 그 행위자를 벌할 뿐만 아니라 그 법인에도 해당 조문의 벌금형을 과(科)한다. 다만, 법인이 그 위반행위를 방지하기 위하여 해당 업무에 관하여 상당한 주의와 감독을 게을리하지 아니한 때에는 그러하지 아니다.

② 개인의 대리인, 사용인, 그 밖의 종업원이 그 개인의 업무에 관하여 제33조 또는 제34조의 위반행위를 하면 그 행위자를 벌할 뿐만 아니라 그 개인에게도 해당 조문의 벌금형을 과한다. 다만, 개인이 그 위반행위를 방지하기 위하여 해당 업무에 관하여 상당한 주의와 감독을 게을리하지 아니한 때에는 그러하지 아니다.

제36조(과태료) ① 다음 각호의 어느 하나에 해당하는 자에게는 500만 원 이하의 과태료를 부과한다. 〈개정 2018. 12. 31.〉

1. 제10조 제3항 전단을 위반하여 제조업자에게 시정을 요청하지 아니하거나 시·도지사에게 이를 보고하지 아니한 자

1의2. 제10조 제5항을 위반하여 대리자를 지정하지 아니한 자

2. 제16조 제8항을 위반하여 위해요소중점관리기준 적용 사료공장이라는 명칭을 사용한 자

3. 제21조 제2항에 따른 사료검사를 거부 · 방해 또는 기피한 자

4. 제27조 제1항에 따른 보고를 하지 아니하거나 검사를 거부 · 방해 또는 기피한 자

② 제1항에 따른 과태료는 대통령령으로 정하는 바에 따라 농림축산식품부장관 또는 시 · 도지사(이하 "부과권자"라 한다)가 부과 · 징수한다. 〈개정 2013. 3. 23.〉

③ 삭제 〈2018. 12. 31.〉

④ 삭제 〈2018. 12. 31.〉

⑤ 삭제 〈2018. 12. 31.〉

부칙 〈제17091호, 2020. 3. 24.〉(지방행정제재 · 부과금의 징수 등에 관한 법률)

제1조(시행일) 이 법은 공포한 날부터 시행한다. 〈단서 생략〉

제2조 및 제3조 생략

제4조(다른 법률의 개정) ①부터 ⑩까지 생략

㊶사료관리법 일부를 다음과 같이 개정한다.

제26조 제3항 중 "「지방세외수입금의 징수 등에 관한 법률」"을 "「지방행정제재 · 부과금의 징수 등에 관한 법률」"로 한다.

㊷부터 〈102〉까지 생략

제5조 생략

나만의 창업
일정 정하기

　예비창업자들은 창업 초기부터 다른 부분에 시간과 노력이 낭비되지 않고, 오로지 성공적인 창업을 위해 나아가기 위해선 최선의 노력을 해야 한다.

　따라서 체계적인 창업을 준비하는 데 있어서 가장 큰 도움이 되는 것은 예비 창업자 스스로가 준비하는 과정에서부터 매장 오픈하기 전까지 창업 일정을 정리하고, 정리된 내용을 꼼꼼하게 확인하면서 준비하는 과정이 필요하다.

업무/일정	준비단계	1~10일	~20일	~30일	~40일	~50일	~60일
창업 준비	창업자 사업 준비 및 자금 확보						
창업 상담 창업 교육	소상공인진흥센터 또는 창업 전문 교육기관 교육 이수						
시장 조사 업종 선택	창업 트렌드 분석 및 파악, 인터넷 조사						
창업 형태 결정	개인 매장 또는 가맹점 방문 및 조사						
입지 상권 분석	점포에 대한 상권 분석 (소상공인시스템 이용)						
타당성 분석	사업 아이템에 대한 입지와 타당성 분석						
상가 계약 전 점검	인허가 가능 여부, 건물 하자 여부, 건물 용도, 건축물대장등기부등본 확인						
상가 계약	공인중개사를 통한 철저한 권리관계 분석 후 상가건물임대차계약서 작성						
운영 형태 확정	개인 매장 또는 가맹점 중에서 운영 형태 결정						
사업계획 수립	선정 아이템에 대한 종합 분석, 사업계획서 작성, 일정 계획						
시설 일정 검토	인테리어 콘셉트 확정, 상호 선정 (개인 매장인 경우)						
인테리어 공사	매장 콘셉트 전달, 인허가 조건 확인, 시공 상태 확인						
인허가에 필요한 서류	영업을 위한 허가 확인						
운전자금 확보	원활한 운영을 위한 자금 확보, 창업 지원 신청						
영업허가 및 사업자등록	영업허가 및 허가사항 최종 확인, 사업자등록 완료						
재료 공급처 확보	원재료의 원활한 공급을 위한 공급처 확보						
직원 채용 및 교육 준비	파트타이머 또는 직원 모집, 운영 관련된 직원 교육						
최종 비품 구입	기물 및 소모품 최종 확인						
최종 리허설	간판, 조명, 배관 배수, 수도, 생산 시설, pos 점검						
가오픈	근무자 간 동선 확인, 고객 응대 확인						
매장 오픈	영업개시, 오픈행사 준비 및 판촉물 증정						

나의 창업 적성

펫 관련 카페 창업을 구상하거나 준비 중에 있으면, 유용하게 사용될 수 있는 셀프 적성검사표를 만들었다.

다만 결과가 좋더라도 창업의 성공 여부와 직결된다고 보장할 수 없으나 창업하기에 앞서 창업자 본인의 적성에 대해서 맞는지 안 맞는지를 파악하는 일이 무엇보다 중요하기 때문에 아래 항목을 읽고서, '예' 또는 '아니오' 중에서 하나를 선택하자.

번호	항목	예	아니오
1	펫 카페 창업에 대해 고민 중이다.		
2	나는 동물을 좋아한다.		
3	평소와 다른 창업에 대한 아이템에 많은 관심을 가지고 있다.		
4	다른 사람들로부터 사업에 대한 능력이 있다고 말을 듣는다.		
5	평상시 요리에 대해 관심이 많다.		
6	식품을 다루는 기본 상식과 기술을 가지고 있다.		
7	자주 반려동물에게 직접 음식을 해서 먹인다.		
8	음식에 대한 지식과 기술은 부족하나 배우면 잘할 수 있다.		
9	성공하기 위해서 자존심을 버릴 수 있다.		
10	세상 변화하는 트렌드를 파악을 잘한다.		
11	예체능 분야에 관심이 있다.		
12	사람들에게 추진력이 있다는 소리를 많이 듣는다.		
13	한번 목표를 정하면 포기하지 않는다.		
14	평소 계획적이며 절제하는 생활을 한다.		
15	남들보다 부지런하고 친절하다는 소리를 자주 듣는다.		
16	남들을 볼 때 긍정적인 면을 먼저 본다.		
17	사업계획서를 스스로 작성이 가능하다.		
18	지금 창업하려는 기본적인 절차 및 지식을 알고 있다.		
19	기획하고 분석하는 일을 좋아한다.		
20	대인관계가 좋다.		
21	처음 만난 사람과도 편안하게 이야기할 수 있다.		
22	창업의 어려움이 발생 시 주위 사람들로부터 도움을 받을 수 있다.		
23	상황에 따라 빠르게 이해득실을 계산할 수 있다.		
24	건강 관리를 잘한다.		
25	평소에 자기계발을 꾸준히 한다.		

26	취미 생활을 가지고 있다.
27	한번 내린 결정은 쉽게 포기하지 않는다.
28	자신의 이야기보다 남들의 이야기를 잘 듣는 편이다.
29	과거 창업 경험이 있다.
30	창업에 대한 환경요소를 남들에게 잘 설명할 수 있다.
31	남들과 약속을 꼭 지킨다.
32	내키지 않아도 상대방의 기분을 맞춰줄 수 있다.
33	주위에서 자기주도 리더 역할을 한다.
34	세대관의 취향과 행동에 대해서 이해도가 높다.
35	현재 인기 있는 음식 또는 제품에 대해서 잘 안다.
36	반려동물이 좋아하는 음식을 기본적으로 알고 있다.
37	상대방의 불만사항을 설득할 수 있다.
38	상대방을 이해시키는 방법을 잘 알고 있다.
39	영업 활동이나 판촉 행사 등 경험이 있다.
40	나는 유머스럽다는 이야기는 자주 듣는다.
41	타 매장 방문 시 직원의 응대 및 메뉴 등 관찰력이 빠르다.
42	주위에 친구나 도와줄 수 있는 선후배 등이 많다.
43	고객 확보를 위한 접객 서비스에 자신이 있다.
44	창업 박람회 및 사업설명회 등을 참석해본 적 있다.
45	사람을 만나는 것을 좋아한다.
46	결정을 내릴 때 가족들과 의견을 나누는 편이다.
47	창업 자금 중 자기 자금 비율 70% 이상 준비가 되어 있다.
48	어려울 때 도움을 받을 수 있는 사람이 최소한 3명 이상 있다.
49	창업을 할 수밖에 없는 절박함이 있다.
50	성공을 위해서 현재의 어려움과 위험을 감수할 수 있다.

테스트 결과

각 문항에 '예'일 경우 1점, '아니오'일 경우 0점으로 계산하여 총점을 내고 채점 결과에 따라 아래 사항을 참고한다.

15점 미만: 창업 준비가 아직 덜 되어 있다.

16~30점 미만: 창업에 대한 적성이 부족하다.

31~35점 미만: 창업에 대한 보통 수준의 준비가 되어 있다.

36~40점 미만: 창업에 대한 높은 수준의 준비가 되어 있다.

40점 이상: 창업에 대한 매우 높은 적성과 준비가 되어 있다.

참고사이트

중소기업청: www.smba.go.kr

중소벤처기업진흥공단: www.kosmes.or.kr

정부24: www.gov.kr

국가법령정보센터: WWW.law.go.kr

소상공인 상권 분석 시스템: sg.sbiz.or.kr

펫푸드 창업
길라잡이

초판 1쇄 발행   2022. 7. 1.

지은이 권성진, 이상화
펴낸이 김병호
펴낸곳 주식회사 바른북스

편집진행 한가연
디자인 김민지, 차혜린

등록 2019년 4월 3일 제2019-000040호
주소 서울시 성동구 연무장5길 9-16, 301호 (성수동2가, 블루스톤타워)
대표전화 070-7857-9719 | **경영지원** 02-3409-9719 | **팩스** 070-7610-9820

•바른북스는 여러분의 다양한 아이디어와 원고 투고를 설레는 마음으로 기다리고 있습니다.

이메일 barunbooks21@naver.com | **원고투고** barunbooks21@naver.com
홈페이지 www.barunbooks.com | **공식 블로그** blog.naver.com/barunbooks7
공식 포스트 post.naver.com/barunbooks7 | **페이스북** facebook.com/barunbooks7

ⓒ 권성진, 이상화, 2022
ISBN 979-11-6545-747-1 03320